VAINCRE LA DÉPRESSION

Myreille Bédard

VAINCRE LA DÉPRESSION

L'estime de soi au cœur du rétablissement

MÉDIASPAUL

Médiaspaul reconnaît l'aide financière du Gouvernement du Canada par l'entremise du Fonds du livre du Canada, du Conseil des Arts du Canada et de la Société de développement des entreprises culturelles du Québec (SODEC) pour ses activités d'édition.

Conseil des Arts du Canada Canada Council for the Arts Patrimoine canadien Canadian Heritage Société de développement des entreprises culturelles Québec

Catalogage avant publication de Bibliothèque et Archives nationales du Québec et Bibliothèque et Archives Canada

Bédard, Myreille, 1957-

Vaincre la dépression. L'estime de soi au cœur du rétablissement

Comprend des références bibliographiques et un index.

1. Bédard, Myreille, 1957- . 2. Dépression. 3. Estime de soi. 4. Femmes dépressives – Québec (Province) – Biographies. I. Titre.

RC537.B42 2015 616.85'270092 C2015-941778-3

ISBN 978-2-89760-022-8 (papier)
ISBN 978-2-89760-023-5 (epub)
ISBN 978-2-89760-024-2 (PDF)

Composition et mise en pages : *Robert Charbonneau*
Maquette de la couverture : *Ann-Sophie Caouette*
Photo de la couverture : *Shutterstock*

Dépôt légal — 3e trimestre 2015
Bibliothèque et Archives nationales du Québec
Bibliothèque et Archives Canada

3965, boul. Henri-Bourassa Est
Montréal, QC, H1H 1L1 (Canada)
www.mediaspaul.ca
mediaspaul@mediaspaul.ca

Médiaspaul
48, rue du Four
75006 Paris (France)
distribution@mediaspaul.fr

Imprimé au Canada – Printed in Canada

À tous ceux et celles qui ont perdu ou perdront espoir,
puisse ce livre les éclairer sur le chemin vers le rétablissement.

Préface

Myreille nous raconte sa vie et son expérience des divers moments de son mal-être qui l'ont affligée à partir de la vingtaine et de la profonde dépression dans laquelle elle s'est fait aspirer au début de la quarantaine. Le lecteur en apprendra beaucoup sur les différentes facettes de la maladie mentale en lisant sur les diverses étapes de sa vie entremêlées aux symptômes dépressifs et à leurs traitements.

Parler de son expérience : c'est déjà ce qu'il faut faire pour aborder ses problèmes et retrouver son équilibre. Paradoxalement, la personne qui est dans l'abîme de la dépression, sous l'influence de son humeur noire, ne cherche qu'à s'enfermer pour mieux se taire. La mauvaise estime de soi la convainc qu'elle mérite son état et qu'elle en est responsable. Lorsqu'elle peut agir, elle commet trop souvent l'acte fatidique en accord avec sa vision de coupable en tentant d'éliminer la personne nuisible qu'elle croit être devenue ou, pire, avoir toujours été.

La Commission de la santé mentale du Canada, créée en 2007, encourage les personnes qui ont traversé cette épreuve à faire connaître les divers chemins qui leur ont permis, comme pour Myreille, de s'en sortir. On peut lire sur un site Internet le témoignage de Constantin Nastic, dans lequel il décrit les attitudes d'indifférence, voire de rejet, qu'il a rencontrées même dans les urgences hospitalières. Cet ex-patient s'est donné pour mission d'aider d'autres personnes à se rétablir en luttant contre la stigmatisation. Pour sa part, Myreille a commencé progressivement à briser le silence dans lequel elle s'enfermait en donnant des conférences à des publics variés. En acceptant de publier son livre, elle se joint au mouvement de la lutte contre la stigmatisation de la maladie mentale. Cette stigmatisation fait plus de victimes que la dépression elle-même.

Cet ouvrage nous permet de saisir comment passer de l'état de culpabilité de la personne qui s'autoflagelle lorsque rien ne va plus à celui de personne qui recherche les escaliers roulants pour lui permettre de passer d'un niveau à l'autre. Comment faire le point sur son estime de soi en se permettant d'accepter l'aide offerte pour se remettre sur les rails de sa vie ? Comment devenir cette personne à la fois humble et fière de ses essais et erreurs pour aborder ses problèmes sans plus jamais se considérer comme le problème à éliminer ? En d'autres mots, Myreille nous décrit comment elle a repris le gouvernail de son bateau en poursuivant ses rêves et ses passions tout en passant à travers deux grandes étapes pour se maintenir dans la troisième.

En effet, il y a la maladie dont il faut sortir, il y a le processus de rétablissement dans lequel il faut s'engager, il y a le maintien de son équilibre auquel on ne cesse de travailler. La première valeur à adopter, pour toutes ces étapes, c'est de se rappeler l'interdépendance et l'impermanence des succès et des échecs. Sa contrepartie est que le succès a plein de parrains, mais que l'échec est orphelin.

Lors de la période de grande noirceur, Myreille a osé accepter de l'aide. Le processus d'accès à l'aide n'est jamais clair. On ne sait si c'est grâce à l'entourage, aux pourvoyeurs d'aide ou encore à la personne en besoin que les traitements nécessaires peuvent se mettre en place et donner le résultat escompté. Cette première étape d'engagement de la personne déprimée tant dans son traitement que dans sa sécurité présente de multiples embûches qu'un contexte de collaboration entre tous les acteurs permet souvent d'abattre. Il n'en reste pas moins que, lors de cette première étape, le grand risque à éviter est d'éloigner le réseau personnel du patient de façon définitive en donnant au malade l'identité d'une personne irrémédiablement inapte socialement.

Un premier principe se dégage ici : ne jamais rester seul dans les moments de détresse. Son corollaire est que la collaboration donne le ton aux échanges entre les acteurs.

L'étape du rétablissement ne peut se faire de façon isolée. C'est l'étape où la personne reprend son identité de personne fonctionnelle et autonome parmi les siens. Cette étape commence paradoxalement par l'étape précédente. Dès l'acceptation par la personne malade de son état et de son besoin d'aide, elle s'assure d'un statut de personne autonome, c'est-à-dire de personne interdépendante. Une nouvelle valeur s'impose : une personne ne peut survivre sans les autres et ne peut se sentir digne et intègre que si elle participe à ses traitements et à son mieux-être. C'est ce que Myreille a su faire.

Comment peut-elle maintenant être sûre que cette maladie ne la rattrapera pas ? Après en avoir connu toutes les sensations, toutes les étreintes sournoises, elle est probablement celle qui saura le mieux la détourner de sa vie. Elle s'est remise dans ses passions et ses rêves avec la confiance de celle qui a participé à son autoguérison, sa guérison de l'intérieur qu'elle nous décrit si bien dans son livre.

Vingt pour cent des gens souffrent d'une maladie mentale qui les oblige à consulter, leur souffrance étant trop grande ou, au bout de leurs forces, un dernier obstacle les a fait basculer dans les sables mouvants que sont ces terrains, ces moments qu'on ne détecte pas et dans lesquels on s'enfonce irrémédiablement en perdant tout espoir d'en remonter. En lisant les propos de Myreille, les personnes, à risque ou non, de souffrir de dépression sauront retrouver l'espoir de se rétablir ou encore sauront répandre la bonne nouvelle que la lumière est bien au bout du tunnel.

J'ai rencontré Myreille alors qu'elle était traitée dans le département où je travaillais. Je l'ai par la suite bien connue alors qu'elle participait à divers comités de l'amélioration de la qualité où on l'invitait comme ex-patiente. Je l'ai entendue lors de ses conférences et j'ai admiré la portée de son message.

Pour moi, elle fait partie de ces auteurs célèbres – Philippe Labro, William Styron et autres – qui ont décrit eux aussi leur passage dans l'enfer de la dépression. En ce faisant, ils deviennent la preuve vivante des propos qu'ils tiennent dans leur œuvre.

Dr Suzanne Lamarre, psychiatre,
directrice du Service d'urgences psychiatriques
et de crise au Centre hospitalier St. Mary
et professeur adjoint au département de psychiatrie
de l'Université McGill

Avant-propos

COMMENT ÇA VA ? Cette question en apparence anodine ouvre la porte à une réalité beaucoup plus vaste qu'on ne peut le soupçonner. Mais prenons-nous vraiment le temps de sonder l'état de santé physique et mental des personnes que nous croisons ? Nous répondons la plupart du temps par des formules convenues telles que : « Ça va, il le faut bien ! » ou « Tout est sous contrôle ! », mais ces réponses révèlent rarement notre état véritable.

En fait, nous vivons plus que jamais dans une société qui accorde plus d'importance aux apparences qu'à la réalité. Cette quasi-obligation de bien paraître, telle la façade d'une maison qui semble saine sans montrer l'état réel de ses fondations, est un piège qui nous isole. En n'osant pas briser cette image lisse que nous projetons aux autres, nous participons à une forme de « déshumanisation » de nos relations personnelles. Prendre le temps de lire l'attitude corporelle de l'autre et d'écouter le non-dit dans ses propos semble futile et improductif dans un monde où les mots d'ordre sont performance et compétitivité. Nous ne pouvons évidemment pas nous attarder à chaque personne que nous rencontrons, surtout dans le monde du travail. Au lieu de nous laisser conduire par le pilote automatique, si nous prenions conscience de notre état intérieur profond et de ce que nous voulons bien en laisser paraître, peut-être pourrions-nous commencer à établir des rapports avec nos semblables qui faciliteraient une plus grande confiance mutuelle et un accueil de la fragilité de l'autre faisant écho à la nôtre.

Cette propension à éviter que les gens puissent voir notre état réel, que ce soit pour des raisons d'orgueil, de honte, de peur du rejet ou d'être jugé, a un prix qui peut s'avérer très élevé. Surtout si, dans les fondations de notre être, se trouve une faille liée à l'estime de soi dont nous ignorons peut-être l'existence. C'est ce que j'ai expérimenté en 2001, alors que s'amorçait pour moi une longue descente aux enfers sous la forme d'une grave dépression qui s'est échelonnée sur près de deux ans. Ce n'est que plusieurs années plus tard, après un rétablissement complet, que j'ai commencé à faire des recherches sur la faille dans l'estime de soi et ma maladie. J'ai remarqué qu'il y avait une étroite corrélation entre les deux, et cela m'a donné envie de partager mes découvertes sur le sujet, d'abord par le moyen de conférences, puis par l'écriture de cet ouvrage.

Selon l'Organisation mondiale de la santé (OMS), en 2020, la dépression majeure sera la deuxième cause d'invalidité chez l'être humain, après les maladies cardiovasculaires, un bond phénoménal depuis les dernières années. Selon le rapport de l'Organisation de coopération et de développement économiques (OCDE) publié en 2013, plus d'un adulte sur dix vivant dans les pays membres fait usage d'antidépresseurs.

Devant ce constat inquiétant, on ne peut que s'interroger sur les origines d'un tel fléau que certains appellent le cancer de l'âme. Cette maladie, qui n'est malheureusement pas toujours reconnue comme telle, est certes le fruit de causes multifactorielles, mais également celui d'une société où la quête de sens est peu valorisée et où l'avoir prédomine sur l'être.

1

L'équilibre de notre écosystème personnel

On a souvent tendance à oublier que l'être humain fait partie de la nature. Il possède un écosystème personnel qui lui permet de préserver son équilibre sur les plans biologique, psychologique, social et comportemental. Ces différents aspects sont interreliés, de manière que, si l'un d'eux subit un changement, tous les autres en ressentiront les effets, comme une réaction en chaîne. Ces changements peuvent être provoqués par divers événements : maladie, deuil, perte d'emploi, divorce, etc. Ceux-ci vont déclencher en nous de l'anxiété, de la peur ou de l'insécurité, créant ainsi un stress émotif. Ce déséquilibre momentané, mais bien réel, aura des répercussions non seulement sur les plans psychologique et comportemental, mais également sur le plan physiologique, allant même jusqu'à modifier la chimie de notre cerveau. Grâce aux nouvelles avancées de la science et à l'utilisation de l'imagerie par résonance magnétique (IRM), il est maintenant possible de visualiser les différences entre le cerveau d'une personne dont l'état est dit normal et celui d'un individu en dépression. Plusieurs zones sont concernées, et nous y reviendrons dans un chapitre ultérieur.

La performance à tout prix

Dans cette ère de rentabilité et de vitesse qui est la nôtre, un autre facteur de déséquilibre s'ajoute à la liste : la performance à tout prix. Cela ne concerne pas seulement le milieu du travail, mais aussi nos loisirs, nos relations amoureuses, notre statut social et d'autres domaines du champ privé.

J'insiste sur les mots « à tout prix », car c'est ici que le bât blesse. Si plusieurs d'entre nous ont le sentiment que la demande de performer vient de l'extérieur, ce qui est souvent le cas, l'exigence la plus grande peut sournoisement provenir de nous-même. Désirer être satisfait de soi et fier de ses réussites, vouloir répondre aux attentes sont des choses normales, voire nobles. Mais lorsque le niveau d'exigences devient trop élevé, voire irréalisable, et que les attentes sont trop grandes, cela peut créer une immense source de pression. Comme on dit au Québec : « Trop, c'est comme pas assez ! » Lorsque nous outrepassons nos limites et nos capacités, cela exerce une pression sur nous et, par conséquent, sur la faille présente dans notre estime de soi. Cette faille risque alors de s'élargir et de causer l'effondrement de notre système nerveux. D'ailleurs, en anglais, on utilise les mots *nervous breakdown* pour parler de la dépression.

Pour illustrer l'état dans lequel je me trouvais lorsque ma dépression a commencé, j'aimerais vous raconter l'histoire suivante. Pour la plupart des gens, le 11 septembre 2001 évoque la tragédie du World Trade Center, à New York. Pour moi, cette date me rappelle un événement plus intime et moins spectaculaire. J'étais seule à la maison, en robe de chambre, recroquevillée dans le noir au creux du divan, le regard fixé sur la télé où les images des avions percutant les deux tours étaient diffusées en boucle. J'observais la scène comme si c'était une vulgaire mouche qui passait et repassait devant mon regard éteint. Je ne ressentais aucune émotion de peur, de terreur ou de révolte. Non, car c'est ma propre tour intérieure qui était en train de s'effondrer ce jour-là. Et plus l'effondrement s'intensifiait, plus mon lien avec le monde extérieur s'amenuisait. Tout mon être était aspiré dans un grand trou noir. Je ne me sentais plus touchée par ce qui se déroulait à l'extérieur.

Le psychiatre britannique Paul Keedwell explique de façon fort intéressante le phénomène de la dépression. Selon lui, il s'agirait d'un mécanisme développé au cours de l'évolution de l'espèce humaine afin de lui permettre de se soustraire à un stress devenu trop intense et de trouver un refuge pour réévaluer sa vie, à l'abri. Dans mon cas, mon seul refuge aura été l'hôpital, un milieu de vie pas vraiment idéal, mais ça, c'est une autre histoire…

Les éléments déclencheurs

Les événements positifs peuvent causer autant de stress que les événements négatifs dans notre vie. Les éléments déclencheurs peuvent être aussi merveilleux qu'un mariage ou un accouchement, ou aussi dramatiques que la séparation ou la mort. Notre résistance à subir la pression varie d'une personne à l'autre, selon notre histoire et nos vulnérabilités personnelles. Elle peut aussi varier d'une période à l'autre de notre vie. Enfin, la multiplication et l'addition de sources de stress dans un laps de temps plus ou moins court contribuent assurément à amoindrir notre résistance.

À titre d'exemple, l'année 2001 fut pour moi d'une rare intensité à tous points de vue. Cette période a été une succession d'événements marquants : d'abord mon mariage et la réalisation de mon premier film, puis la perte de mon emploi. Mon mari a ensuite perdu son travail. Tout cela sur fond de fébrilité, d'incertitude, d'espoir et de découragement, sans compter l'angoisse et la peur qui s'installaient subrepticement au fil des jours.

C'est bien connu, le mariage est une source d'émotions vives. Sauf exception, ça n'arrive qu'une fois dans une vie. Ainsi, le désir que cette journée soit parfaite et inoubliable suscite énormément d'attentes en nous. Mon mariage a été sublime : un temps magnifique, des invités enthousiastes, tout pour être heureux. Mais une ombre, dont j'ignorais la présence, planait sur ce tableau idyllique. Dès le lendemain, des symptômes ont commencé à se manifester. Pareille à une athlète à la fin d'un marathon, l'adrénaline était retombée et toute l'énergie consacrée à la préparation de l'événement était épuisée. Comme j'étais dans la quarantaine et que mon mari avait dix ans de moins, certaines personnes ne pouvaient s'empêcher d'avoir quelques réserves quant à la viabilité de cette union. Mais, à vrai dire, la personne la plus sceptique était nulle autre que moi-même…

J'avais le sentiment que c'était trop beau pour être vrai et, pire encore, j'étais convaincue que tôt ou tard mon époux aurait l'envie légitime de fonder une famille, ce que je ne pouvais lui offrir, puisque mon horloge biologique sonnait ses derniers coups. D'ailleurs, comme je n'avais jamais eu d'enfant, j'avais de sérieux doutes au sujet de ma fertilité, une inquiétude qui s'est transformée peu à peu en peur obsessive et incontrôlable. J'avais beau en parler avec mon conjoint et ma psychothérapeute, rien n'y faisait. Je ressassais le pire des scénarios dans ma tête en imaginant que mon amoureux finirait sans doute par me quitter faute de pouvoir devenir père.

J'ignorais à l'époque que l'une des nombreuses manifestations de la dépression est une incapacité à relativiser une émotion négative et à ne pas la laisser prendre tout l'espace dans nos pensées. Surtout si l'estime de soi est fragile. Le psychiatre et auteur Christophe André en fait mention dans son ouvrage *Imparfaits, libres et heureux*. Il semblerait que notre thermostat émotionnel subirait alors une sorte de dérèglement. Selon les découvertes scientifiques récentes citées dans ce même ouvrage, il existe dans le cerveau une zone spécifique connue pour être le siège de la tendance à personnaliser les informations que nous traitons[1]. En résumé, lorsque nous sommes dans un état dépressif, nous n'arrivons plus à différencier les propos qui nous concernent directement de ceux qui ne sont qu'un état de fait général. La zone de personnalisation serait constamment activée, plus particulièrement lorsqu'il s'agit de choses négatives, ce qui n'est pas le cas chez les autres personnes.

À la lumière de cette découverte, l'expression populaire « Prends pas ça personnel ! » revêt un tout autre sens. J'aurais vraiment apprécié la connaître à l'époque de ma dépression, car cela m'aurait sûrement aidée, ainsi que mon entourage, à comprendre ce qui se passait sur le plan neuropsychologique. Cela m'aurait probablement délestée d'une partie de ma détresse, surtout lorsque mon mari m'a annoncé qu'il venait d'être congédié quelques semaines seulement avant notre mariage. J'étais dans un état de grand désarroi, puisque j'avais moi-même été mise à pied peu de temps auparavant. Comme c'était la première fois qu'il perdait un emploi, j'étais convaincue que c'était de ma faute. J'en étais même venue à personnaliser cette situation difficile même s'il ne s'agissait en fait que d'un concours de circonstances. J'avais l'impression que je portais malheur à mon conjoint et que j'étais pour lui un fardeau de plus en plus lourd à porter. Mon esprit obnubilé occultait totalement la réalité : mon futur époux travaillait dans le domaine des technologies de l'information, et la bulle venait d'éclater sur les marchés boursiers. Je n'étais évidemment pas responsable de son congédiement.

Un autre événement marquant de 2001 aura été la réalisation de mon tout premier film, un court métrage ironiquement intitulé *Des enfants de trop*... Le tournage s'était très bien déroulé, au-delà de toutes mes espérances. Une fois la production terminée, mes attentes sont devenues démesurément élevées. J'allais jusqu'à m'imaginer en train de recevoir un prix dans un festival aussi prestigieux que celui de Cannes. En fait, je passais d'un état extrême à l'autre dans le domaine de l'absolu. Si mon film ne recevait pas la Palme d'or, cela voulait dire qu'il s'agissait d'un navet, rien de moins ! Mon sens critique était tronqué et j'avais une telle peur de l'échec que je ne pouvais évaluer mon œuvre de façon objective.

Ainsi, dans ce climat d'appréhension, je cherchais désespérément l'approbation d'une personne qui saurait me rassurer et me donner l'heure juste grâce à son expertise, du moins celle que je voulais bien lui reconnaître. J'ai alors eu la mauvaise idée de consulter un ami qui exerçait le même métier que moi en croyant qu'il porterait un jugement éclairé sur mon film. J'avais toutefois omis un détail pas vraiment anodin : la possibilité d'une rivalité entre nous. De plus, j'étais consciente que cette personne très critique pouvait parfois tenir des propos incisifs, voire blessants. Toutefois, tel un bon chrétien se jetant lui-même en pâture dans la fosse aux lions, j'avais sans réfléchir donné à mon « bourreau » le pouvoir du verdict final. Quand son jugement est tombé, il n'en fallait pas davantage pour élargir de façon significative la faille dans mon estime de soi.

Ce besoin inassouvissable du regard et de l'approbation d'autrui est un gouffre sans fond dans lequel une personne ayant un trouble majeur de l'estime de soi peut s'enfoncer et se perdre. La capacité de voir les choses telles qu'elles sont et de leur donner une valeur propre par soi-même est alors généralement compromise. Je reviendrai sur le sujet dans un prochain chapitre afin de donner des pistes de solutions à ce problème.

2

Déprime ou dépression ?

AU COURS DE NOTRE EXISTENCE, nous connaissons tous des hauts et des bas selon les événements qui surviennent et notre capacité à les absorber. Nous pouvons traverser des intervalles plus ou moins longs de déprime liés aux circonstances. Un sentiment de tristesse et de découragement peut nous assaillir, avec ou sans raisons particulières. Puis, après un certain temps, ce sentiment disparaît généralement comme il était venu. En revanche, lorsque la dépression survient, elle s'insinue graduellement en nous pour s'ancrer solidement pendant plusieurs semaines ou plusieurs mois, voire des années dans certains cas. Tel le signal de l'électrocardiogramme indiquant qu'un cœur ne bat plus, la vie intérieure de la personne dépressive pourrait être illustrée par une longue ligne plate et continue où les manifestations affectives et émotives sont au plus bas et l'énergie pratiquement inexistante. C'est la panne générale. Tout s'éteint en soi et commence alors la traversée d'un tunnel sombre qui semble sans fin.

Quand on veut, on peut ?

Ce phénomène de quasi-inertie me fait penser à un conducteur qui tourne la clé de contact de sa voiture sans réussir à mettre le moteur en marche. Aucun contact ne se fait, pas même un petit clic donnant l'espoir que le véhicule finira par démarrer. On a beau être propriétaire du véhicule et en détenir la clé, le cerveau n'arrive plus à transmettre au corps les commandes habituelles. La connexion ne se fait plus.

Une personne en dépression peut difficilement supporter que ceux qui prétendent vouloir l'aider lui disent : « Quand on veut, on peut ! » Comme je le mentionne souvent dans mes conférences : « On est peut-être malade, mais on n'est pas fou ! » S'il y a une chose que nous désirons par-dessus tout, c'est bien de guérir, car notre souffrance et notre détresse sont souvent si grandes que certains en arrivent à faire le geste fatal pour y mettre fin. « Chaque année, plus de 800 000 personnes se suicident dans le monde, soit une personne toutes les 40 secondes… Bon nombre de ceux qui pensent au suicide sont anxieux, déprimés, désespérés et ont l'impression de ne pas avoir d'autre choix[1]. »

Les émotions corporelles

Les émotions affectent non seulement notre état mental, mais aussi notre état physique. Elles provoquent diverses sensations dans différentes régions du corps, par exemple une douleur dans la poitrine lorsqu'on est anxieux. Grâce à un procédé complexe, une équipe de scientifiques finlandais[2] a réussi à cartographier distinctement les émotions positives et négatives dans le corps. Les résultats de leurs recherches démontrent que, selon les émotions ressenties, plus l'activité et la sensation de chaleur sont élevées dans une zone corporelle, plus cette dernière affiche une couleur se rapprochant du rouge. Et, inversement, moins il y a d'activité et de chaleur dans une zone, plus celle-ci tend vers le bleu, pouvant aller jusqu'au noir. Le plus frappant dans les conclusions de cette étude est que la personne dans un état dépressif n'a plus aucune zone d'activité ni de chaleur dans le corps. C'est l'hibernation émotive !

Je me souviens très bien de l'automne où tout a commencé à basculer vers la pénombre. Mon mari avait beau déployer d'innombrables efforts pour éveiller en moi des sensations de plaisir ou de joie, que ce soit en m'invitant à une promenade dans mes endroits préférés, à un dîner dans un bon restaurant ou à danser avec lui, rien n'y faisait. Mon corps, mon cœur et mon âme ne répondaient pas. Il n'y avait plus d'abonné au numéro composé. J'avais beau essayer de toutes mes forces intérieures de ressentir la joie que ces activités auraient normalement suscitée en moi, je n'y pouvais rien. Ne restaient plus que la désolation et le désespoir pour nous deux.

La mort intérieure

Une des différences majeures entre la déprime passagère et la dépression est que toutes les choses que nous aimions tant, toutes les personnes que nous chérissions et avec qui nous aimions passer du temps, tous ces petits riens qui nous faisaient tant plaisir ne suscitent désormais plus de désir en nous et ne nous animent plus. J'emploie le mot « animer » dans son sens étymologique profond : l'*anima,* c'est-à-dire l'âme, le principe vital. Cet état ne dure pas qu'une seule journée ou une semaine, mais beaucoup plus longtemps. Nous éprouvons une horrible impression de mort intérieure.

L'épuisement que l'on peut ressentir après une journée harassante est du même ordre que celui que l'on éprouve pendant la dépression, mais il s'installe de façon chronique. La moindre prise de décision, aussi simple que le choix d'un légume pour accompagner un plat, devenait pour moi insurmontable. J'en étais arrivée au point où prendre une douche et me laver les cheveux me semblait une corvée compliquée et angoissante. Le simple geste de sortir du lit pour affronter une autre journée était une épreuve en soi. Le soir venu, lorsque je finissais par m'endormir, j'espérais que tous mes symptômes seraient disparus le lendemain matin et que je découvrirais enfin que tout cela n'avait été qu'un mauvais rêve. Comme le sommeil était le seul moment où je ne ressentais plus les affres de la dépression, j'avais très hâte de m'endormir. Quand la nuit tombait, je ressentais une espèce de soulagement, me sachant plus proche de la délivrance. Malheureusement, à l'aube, tous mes tourments m'attendaient de pied ferme. Pour certaines personnes, il est très difficile de dormir pendant la dépression, et les nuits blanches où l'on est saisi d'angoisse peuvent être très éprouvantes. Chaque individu est unique et les symptômes se manifestent différemment et à des degrés variables.

Le sentiment d'isolement

La difficulté à communiquer aux autres ce qui se passe intérieurement est considérable, car c'est une expérience qui relève, jusqu'à un certain point, de l'ordre du mystère pour quiconque ne l'a pas vécue. On pourrait comparer cela à un accouchement. Une personne qui n'a jamais donné naissance à un enfant peut-elle vraiment savoir de quoi il retourne ? Pour ma part, j'ai beau être dotée d'une imagination débordante, être comédienne de formation et écrire des scénarios et des textes de théâtre, je ne saurai jamais ce qu'une femme vit vraiment au moment d'accoucher. Cet isolement dans lequel se retrouve la personne en dépression la fait terriblement souffrir. Comment transmettre à autrui ces sensations qui sont, dans la plupart des cas, nouvelles pour soi-même ?

Tout le monde peut comprendre la souffrance physique, car nous en faisons tous l'expérience un jour ou l'autre. Mais lorsqu'il est question de souffrance psychique, plusieurs n'ont aucun point de repère. Cette incapacité de communiquer ce que l'on vit est comparable à une cloison de verre. J'ai personnellement eu l'impression d'être enfermée dans un aquarium sans eau. J'étais pratiquement impuissante à traverser cette frontière étanche pour entrer en contact avec la personne qui se trouvait de l'autre côté de la vitre. Cela m'empêchait de vibrer aux mêmes émotions que mon entourage. Tout se passait en vase clos pour moi. On pourrait comparer cette sensation à une anesthésie faisant en sorte qu'un membre qu'on s'apprête à opérer ne ressent plus aucune sensation lorsqu'on le touche. Je ne réagissais plus aux stimuli sensoriels provenant de l'extérieur.

3

Les préjugés et les clichés

LA PLUPART DES GENS ne reconnaissent pas que la dépression est une maladie. Ce fléau peut pourtant frapper n'importe qui sans aucune discrimination quant à la classe sociale, la nationalité, l'âge ou le sexe. Contrairement aux idées préconçues, elle peut toucher des personnes qui nous semblent optimistes et pleines d'entrain. Celles-ci sont pourtant vulnérables, car, bien souvent, elles ne sentent pas le tsunami intérieur qui gronde au plus profond d'elles-mêmes. Les problèmes de stigmatisation auxquels se heurtent les gens dépressifs ou atteints de troubles de santé mentale sont nombreux dans notre société. Luc Vigneault, pair aidant en santé mentale et conférencier, m'a appris qu'une infirmière qui fait une psychose ne pourra plus être membre de son ordre professionnel et se verra donc refuser le droit de continuer à pratiquer. Aussi invraisemblable que cela puisse paraître, les personnes qui travaillent dans le réseau de la santé, même dans le domaine de la psychiatrie, sont souvent victimes de ce type de discrimination.

« Pas elle ! »

Au cours de la période précédant mon hospitalisation, lorsque je confiais à mes proches que je faisais une dépression, la plupart étaient totalement déstabilisés. Ils ne comprenaient pas qu'une personne aussi vive et dynamique que moi, aimant profondément la vie, puisse être touchée par cette calamité. Leurs réactions d'étonnement et de déroute ne faisaient qu'accentuer mon sentiment d'impuissance. Je pouvais lire dans leur regard : « Pas elle ! », comme si ce n'était pas normal que cela puisse m'arriver. J'avais parfois l'impression que certains allaient jusqu'à penser que j'étais peut-être responsable de ma maladie…

Après mon rétablissement, j'ai appris que la culpabilité est un sentiment très répandu chez les personnes dépressives. Ce poids supplémentaire s'ajoute à leurs autres symptômes. Cela aurait été tellement plus « simple » d'annoncer à mes proches que j'avais un cancer du sein ou une autre maladie mieux acceptée. J'aurais probablement été mieux comprise et j'aurais reçu plus de compassion de leur part. Mais parce que mon cancer était un cancer de l'âme, cela compliquait les choses. Ce mal moins connu demeure invisible, sans parler des malaises et des craintes qu'il suscite chez les autres. Certains semblent croire qu'il pourrait même être contagieux…

La maladie des plus faibles

Dans notre civilisation occidentale, où l'on carbure à la performance et où les perdants n'ont pas leur place, il est très difficile de ne pas porter de jugement sur un citoyen qui n'est plus productif et qui se retrouve en retrait du monde actif. Je ne parle pas ici des gens qui vivent en marge de la société, volontairement ou pas, à cause de leur statut ou de leur situation sociale. Cela est un autre dossier, quoique, selon plusieurs études, bon nombre d'itinérants auraient eu ou ont souvent une maladie mentale. Je parle ici de ceux dont le ressort vital s'est cassé en chemin et qui ne peuvent plus avancer pendant une période de temps indéterminée à cause de la dépression. Malheureusement, cette incapacité à fonctionner et à entrer dans la « norme » peut amener à percevoir ces gens comme des faibles qui manquent de motivation et de courage. Pourtant, Dieu sait combien il en faut du courage pour émerger de cette épreuve.

La volonté ne peut pas venir à bout de cette maladie. C'est probablement l'une des choses les plus difficiles à comprendre pour quiconque n'a jamais connu intimement la dépression. Imaginez que vous ordonniez à un manchot de soulever des haltères, une idée incongrue et farfelue, n'est-ce pas ? Eh bien, dites-vous que proposer à une personne dépressive de se donner un coup de pied là où il faut et de se secouer est tout aussi absurde. J'aime bien cette phrase, dont j'ignore la source exacte, qui dit que « la dépression arrive lorsqu'on a essayé d'être fort trop longtemps ». Lorsque nous exigeons de nous-même ce que nous n'oserions pas demander à nos proches, pour leur prouver que notre force est sans limites, la chute risque d'être plus grande encore.

Tout pour être heureuse

Mon sentiment de culpabilité venait du fait que je n'avais pas de bonnes raisons d'être dépressive. Pour m'encourager, les gens de mon entourage me faisaient souvent remarquer que j'avais pourtant tout pour être heureuse. Je venais d'épouser un homme formidable, j'étais pleine de talents et de ressources et j'avais la chance d'être plutôt jolie. C'est comme si on me disait : « Comment peux-tu te plaindre la bouche pleine ? » Il aurait été tentant d'affirmer que j'avais effectivement tout pour être heureuse en essayant de me reprendre en main rapidement. Même si leurs observations étaient justes, elles ne pouvaient malheureusement pas soulager ma maladie, puisqu'elles n'avaient aucun lien avec sa cause profonde. D'ailleurs, qui oserait dire à une personne atteinte de cancer qu'elle n'a aucune raison de souffrir à cause de tout ce qu'elle a la chance d'avoir dans sa vie ?

Quand la dépression est solidement installée, tous les aspects positifs de notre personnalité et de notre vie ne font plus le poids. Ce n'est plus une question d'avoir, mais d'être. Nous avons beau posséder les plus grandes richesses matérielles et être pourvu des qualités les plus enviables, au tréfonds de notre être, nous nous sentons démuni et désemparé. Le miroir dans lequel nous nous regardons est déformé et ne nous présente que la face la plus obscure de notre existence. J'avais l'impression qu'un grillage rétrécissait mon champ de vision. Tout m'apparaissait sombre et morne.

« Malade mental »

On confond souvent différents troubles de santé mentale avec la folie ou la déficience mentale. Au cours de mon long épisode dépressif, je n'ai jamais eu la moindre déficience sur le plan de ma conscience ou de ma raison. Au contraire, j'étais très lucide, presque trop à vrai dire, car mon incapacité à apaiser ma souffrance, et tous les symptômes qui y étaient rattachés, était d'autant plus une source de frustration. Même si les fonctions cognitives et la chimie du cerveau ne sont plus dans leur état habituel lors de la dépression, cela ne provoque généralement pas de perte de contact avec la réalité. À moins d'un épisode psychotique ou d'une autre forme de pathologie où le lien avec le réel est rompu, notre regard et notre jugement peuvent être biaisés à certains égards, mais cela est sans commune mesure avec ce type de maladie ou la schizophrénie.

Il y a énormément d'éducation et de sensibilisation à faire auprès du grand public pour aider le commun des mortels à démêler et à reconnaître ces différentes maladies qui sont, trop souvent, mises d'emblée dans le même panier. Par ailleurs, les médias ont une fâcheuse tendance à diffuser des événements spectaculaires et sanglants qui mettent « en vedette » des gens atteints de troubles mentaux. Pourtant, selon les recherches effectuées dans ce domaine, la majorité des crimes sont commis par des gens dits normaux. La littérature scientifique souligne d'ailleurs que, « dans les pays industrialisés, le taux d'homicide est compris entre un et cinq pour 100 000 habitants et que les troubles mentaux graves sont considérés comme responsables de 0,16 cas d'homicide pour 100 000 habitants. En ce qui concerne les homicides, les malades mentaux représentent donc, selon les pays, entre un criminel sur 20 et un sur 50[1] ».

S'il existe une forme d'agressivité ou de colère dans la dépression, elle se retourne souvent contre la personne elle-même sous forme d'implosion ou, dans le pire des cas, de suicide, un sujet dont je traiterai plus loin. Sans parler du nombre de personnes souffrant de maladie mentale qui sont à leur tour victimes de violence et d'agressions physiques ou psychologiques.

Lorsque j'étais plus jeune – et c'est encore le cas parfois aujourd'hui –, j'entendais souvent des gens traiter de « malade mental » une personne agissant de manière étrange ou perçue comme menaçante. Je dois faire mon mea-culpa, car ayant été de nature très influençable dans ma tendre jeunesse, j'ai reproduit ce comportement de discrimination… jusqu'au jour où j'ai vu les choses autrement.

Dès qu'une personne agit d'une façon différente qui nous interpelle et nous dérange, nous sommes rapidement enclins à interpréter son comportement comme un signe de folie. Je n'entrerai pas dans un débat pour savoir ce qu'est véritablement la folie, mais chose certaine, malgré le fait que la dépression soit une maladie mentale et puisse se manifester de différentes façons, elle n'est généralement pas associée à des symptômes relevant de ce que l'on nomme, sur le plan médical, la folie ou la démence.

La tristesse, la détresse et le désespoir peuvent certes amener des personnes à accomplir des gestes regrettables, voire extrêmes, mais je considère que c'est une grave erreur de croire que les gens dépressifs ont perdu toutes leurs facultés mentales et ne sont plus en mesure de réfléchir. À moins d'un épisode psychotique, comme je le mentionnais précédemment, ce qui est d'un autre ordre. Même si, en présence d'une personne dépressive, nous avons parfois l'impression que celui que nous avons en face de nous n'est pas dans son état normal, cela n'a rien à voir avec la perte de la raison ou de la conscience. Quand on y pense, qui peut prétendre être totalement exempt d'une certaine dose de folie ? Même ceux qui semblent les plus sérieux et les plus stables pourraient nous surprendre un jour ou l'autre…

Tout est dans la tête

Au siècle dernier encore, la croyance populaire voulait que les gens éprouvés par la maladie mentale soient plus ou moins conscients de leur état et que, par le fait même, ils ne souffrent probablement pas. De plus, on croyait que, s'ils souffraient, cela se passait uniquement « dans leur tête ». Comme le dit si bien le neuropsychiatre Boris Cyrulnik dans son livre *Les âmes blessées* : « Il n'y a pas de corps sans âme, ni d'esprit sans matière[2]. » Il y fait un survol fascinant de l'histoire de la psychiatrie en Europe qui nous force à admettre que nous en sommes encore aux balbutiements dans cette branche de la médecine contemporaine.

Lorsqu'on essaie de décrire les effets de la dépression aux personnes qui n'ont pas connu ses tourments, on se rend compte qu'elles sont souvent surprises d'apprendre que les maux sont non seulement d'ordre mental et moral, mais aussi physique. Les douleurs ressenties peuvent être très variées : serrement au cœur, engourdissement des membres inférieurs, entrailles nouées, nausées, mal de tête lancinant, sensation de lourdeur générale, sentiment d'étouffer, etc. Bref, la panoplie des symptômes est très vaste et ces derniers sont loin d'être imaginaires. Comme il ne s'agit pas d'hypocondrie, il est essentiel de prendre au sérieux les gens qui se plaignent de ces troubles d'ordre physique lorsqu'ils sont dépressifs, car ils ont déjà bien assez de leurs maux qui relèvent de la psyché.

4

La science et la dépression

AU XXe SIÈCLE, plus particulièrement au cours de la deuxième moitié, nous avons assisté à des progrès scientifiques remarquables dans la compréhension de la dépression. C'est au cours de cette période qu'ont été mis au point la plupart des médicaments utilisés encore aujourd'hui. Mais l'une des plus grandes révolutions demeure, à mon humble avis, celle qui a bouleversé le domaine des neurosciences depuis que nous pouvons visualiser ce qui se passe dans le cerveau d'une personne dépressive, et ce, grâce à l'imagerie par résonance magnétique (IRM). Avant cette découverte, les chercheurs ne pouvaient qu'émettre certaines hypothèses à propos de ce qui se passait dans le cerveau sur les plans physiologique et biochimique. Ce qui auparavant n'était que déductions a éclaté en bonne partie au grand jour grâce à l'avancement technologique. On peut enfin prouver qu'un changement manifeste est observable dans diverses régions du cerveau et entraîne des conséquences sur tout le système neurocérébral. Sans pouvoir apporter toutes les réponses aux nombreuses questions en la matière, ce procédé technologique a levé le voile sur la transformation véritable qui se produit sur les plans biochimique et neurologique au cours d'un épisode dépressif.

Je ne me lancerai pas ici dans des explications arides, d'autant plus que je suis bien loin d'être spécialiste dans le domaine, mais il m'apparaît utile de donner quelques informations plus spécifiques d'ordre scientifique à propos du phénomène de la dépression. Même si les symptômes sont généralement peu ou pas perceptibles, il n'en reste pas moins qu'ils découlent de manifestations psychiques et neurobiologiques bien réelles.

Les neurotransmetteurs

On entend souvent parler de stress et d'adrénaline, mais connaissons-nous leur signification véritable et leurs effets sur les plans physiologique et psychique ? Selon les recherches effectuées depuis les années 1960, on a identifié trois principaux neurotransmetteurs qui seraient impliqués dans la dépression : la noradrénaline, la sérotonine et la dopamine. Les neurotransmetteurs permettent aux neurones de communiquer entre eux. Au cours d'un épisode dépressif, on peut observer une altération de la communication entre les neurones. Aussi, plusieurs neurones peuvent être liés à un même neurotransmetteur, comme c'est le cas pour la sérotonine. Le cerveau est un organe d'une grande complexité composé, entre autres, d'un système de circuits cérébraux qui nous permettent de ressentir des émotions, de traiter des informations, d'interpréter des perceptions. Il a aussi d'innombrables autres fonctions.

Selon le *Manuel diagnostique et statistique des troubles mentaux* (DSM), la médecine psychiatrique moderne classe la dépression dans la catégorie des troubles de l'humeur parmi les différents types de maladies mentales. Certains neurotransmetteurs, principalement ceux nommés plus haut, ne remplissent plus leur rôle adéquatement, et ce dysfonctionnement provoque les états décrits antérieurement : baisse d'énergie prononcée, anhédonie (perte de capacité à ressentir le plaisir), anxiété, idées noires, grande tristesse, etc.

La sérotonine influe sur diverses fonctions physiologiques telles que la régulation de la température, le sommeil, l'humeur, l'appétit et la douleur. Selon les études faites à ce jour, la dépression, le suicide, les comportements impulsifs et l'agressivité impliqueraient tous certains déséquilibres de la sérotonine. Pour ce qui est de la noradrénaline, elle touche aux fonctions qui ont trait aux émotions, au sommeil, aux rêves et à l'apprentissage. Et elle est considérée comme très importante dans les troubles de l'humeur. Quant à la dopamine, outre le rôle qu'elle joue dans le contrôle du mouvement et de la posture, elle joue un rôle de premier plan dans le renforcement positif et les problèmes de dépendance[1].

Pour illustrer de manière scientifique le dérèglement de mon « thermostat émotionnel » et mon incapacité à ne pas me rendre responsable de la perte d'emploi de mon futur mari, je m'inspire d'une étude récente effectuée à l'Université Yale. Une équipe de chercheurs a réussi à démontrer, par l'utilisation de la neuro-imagerie, l'impact du stress sur le cerveau. Ils ont pu observer une nette réduction du volume de matière grise dans certaines zones cervicales directement impliquées dans le contrôle de soi et la régulation des émotions. « Ce phénomène provoque une diminution de notre capacité à faire face à l'adversité, pouvant mener à des comportements autodestructeurs comme la dépendance, la suralimentation et la dépression[2]. »

Le stress

Comme je l'ai mentionné, une succession d'événements très stressants a précédé ma dépression majeure. Le stress favorise, dans la région du cerveau nommée amygdale (à ne pas confondre avec celles situées dans la gorge), la sécrétion de diverses hormones, dont le cortisol. Lorsque nous nous sentons menacés, l'amygdale nous envoie des signaux pour nous alerter. Lorsque les sources de stress se multiplient et s'accumulent, une dose continue de cortisol peut endommager les systèmes cérébraux en faisant, entre autres conséquences, rapetisser la taille des neurones, ce qui a pour effet d'affecter le transport et les échanges entre ceux-ci. « Ces résultats [de l'étude citée plus haut] pourraient expliquer le schéma de pensées négatives répétitives qui se manifeste chez les personnes dépressives. C'est comme si leur cerveau restait pris dans une rainure d'autocritique et de pessimisme. Elles sont incapables d'envisager des résultats plus positifs ou des interprétations plus compatissantes de leurs actions[3]. »

Toutefois, malgré le fait incontestable que les diagnostics en santé mentale sont posés de plus en plus tôt chez les individus et qu'ils sont supposément plus précis, je crois qu'il est important de considérer que la science ne pourra jamais expliquer à elle seule tout ce qui se passe dans le cerveau d'une personne dépressive et quelles en sont les causes profondes. Cette maladie est reconnue comme ayant des origines multifactorielles, et certains de ces facteurs nous échappent encore. C'est le paradoxe de l'œuf et de la poule : lequel est apparu en premier ? Un certain mystère plane quant à la séquence chronologique des étapes amenant à la dépression. Car, s'il y a effectivement des preuves que le cerveau subit des transformations au cours de la maladie, se pourrait-il qu'il y ait des personnes plus susceptibles, à cause de leur bagage génétique par exemple, d'être atteintes ? Ou y aurait-il des événements et des conditions extérieures, tels qu'un excès de stress, qui seraient les déclencheurs de cette transformation ? Beaucoup de questions demeurent en suspens, et la recherche en santé mentale est un domaine encore peu exploré. Les découvertes majeures commencent à peine à être révélées.

L'une des nouveautés qui semble des plus intéressantes et prometteuses pour l'avenir de la psychiatrie est le concept de la neuroplasticité du cerveau. Comme l'explique la psychiatre Suzanne Lamarre dans son ouvrage *Le suicide, l'affaire de tous*[4], contrairement à ce que la médecine a cru jusqu'au milieu du XXe siècle, cet organe ne serait pas immuable. Grâce au développement des appareils pour sonder notre système cérébral, il est maintenant prouvé que nous pouvons réussir, par différentes approches, à opérer un changement dans nos circuits neuronaux. La méditation de pleine conscience est l'une de celles prônées par cette psychiatre.

Comme certaines études tendent à le démontrer, il y a probablement une partie d'hérédité dans les causes de la maladie, mais cette dernière, selon tout ce que j'ai lu et entendu, ne représenterait qu'une infime partie de l'explication. Il faut regarder les choses de manière plus globale, dans le sens holistique. Pour paraphraser le neuropsychiatre Boris Cyrulnik, chacun de nous posséderait une « vulnérabilité neuro-émotionnelle » plus ou moins grande et cela déterminerait notre capacité à subir les épreuves et à pouvoir nous en remettre. Selon l'expérience personnelle de cet auteur et ses propres recherches, un enfant qui a vécu un trauma émotionnel réagira tout probablement de manière différente de celui qui s'est senti sécurisé et soutenu dans son estime de soi, lorsqu'il fera face à certains événements éprouvants au cours de sa vie. Il existerait, à son avis, une sorte de terreau qui serait plus propice au développement de différents problèmes de santé mentale. Une sensibilité parfois exacerbée. D'ailleurs, combien de fois ai-je entendu ma mère me dire : « Tu es trop sensible ! » Peut-être était-ce vrai par rapport à la moyenne de la population, mais si cette phrase m'a hantée toute ma jeunesse jusqu'à l'âge adulte et que j'ai souvent vécu cette hypersensibilité comme un handicap émotionnel, je la vois aujourd'hui plutôt comme une force, surtout dans mon métier d'artiste et de communicatrice. Dans son livre *La difficulté d'être,* Jean Cocteau a écrit : « Ce qu'on te reproche, cultive-le, c'est toi. » Il semble que ces mots s'appliquent parfaitement à ma petite histoire.

5

L'environnement social et la dépression

LA COURBE EN CONSTANTE ASCENSION du pourcentage de la population au Canada qui est touché par des problèmes de santé mentale, et plus particulièrement de dépression, incite à réfléchir sur l'aspect psychosociologique de la maladie. En ce sens, un sondage pancanadien effectué auprès des travailleurs en 2014 par le cabinet-conseil en ressources humaines Morneau Shepell montre que « 60 % des employés canadiens reconnaissent souffrir d'un problème de santé mentale ou de stress excessif » et « qu'environ 33 % disent avoir éprouvé ou éprouver des troubles de santé mentale tels que l'anxiété et la dépression[1] ».

Les pressions sociales exercées sur les individus par le groupe ou la communauté auxquels ils appartiennent sont un phénomène qui existe depuis que des communautés humaines se sont créées. Ces dernières sont porteuses de diverses valeurs sociales, économiques et religieuses. Et le besoin d'appartenir et de s'identifier à un groupe est inhérent au développement personnel, selon ce que la majorité des thèses en psychologie soutiennent.

Mais quelles sont les valeurs véhiculées par la communauté dans laquelle nous vivons au XXIe siècle, alors que nous sommes à l'ère de la mondialisation et de la standardisation ? À quel groupe social pouvons-nous nous identifier ? Si on regarde comment a évolué le Québec à l'égard de cette situation, on ne peut que constater que notre société s'inscrit en droite ligne dans la tendance nord-américaine actuelle où les termes « hyper », « ultra », « extrême », « ultime » et autres superlatifs de même acabit sont employés de manière constante dans notre vocabulaire de tous les jours et récupérés par toutes les formes de communication dans les médias. On ne peut plus se contenter de bien faire les choses ou d'être simplement satisfait de soi. Il est dorénavant hautement conseillé de viser à dépasser ses limites dans les domaines personnel, professionnel et social afin de devenir une personne « ultraperformante », « hyperbranchée » et digne d'envie. Bref, un « super individu » !

De plus, toujours selon ces valeurs très en vogue, il est pratiquement inconcevable qu'une personne puisse aujourd'hui pratiquer un métier aussi modeste que caissière dans une épicerie ou barbier sans avoir l'« ambition » de s'élever dans la hiérarchie sociale et d'accéder un jour à un statut « mieux considéré ». Sans oublier notre propension à la surconsommation et à l'accumulation de biens à outrance. Cette société qui valorise une forme de réussite ne découlant que de nos succès, de nos avoirs et de notre statut social nous mène à une course effrénée vers une perpétuelle insatisfaction, puisque l'avidité n'a pas de limites. Comme le chante si bien Alain Souchon dans *Foule sentimentale* : « On nous fait croire que le bonheur c'est d'avoir, de l'avoir plein nos armoires… »

Sans parler des modèles de beauté physique, supposément parfaits, qu'on nous propose *ad nauseam* dans les publicités et les magazines et qui sont, pour la plupart, irréalistes, voire inaccessibles. Il est pourtant bien connu que ces modèles sont retouchés par la magie de logiciels informatiques qui enlèvent systématiquement toute trace de vieillissement et reconfigurent la silhouette originale en lui ôtant toute forme considérée indésirable. Cette dictature de la beauté et de la jeunesse éternelle, dans des corps inventés par la machine à vendre du rêve, touche toutes les couches de la société. On nous convainc que nous ne correspondons pas au modèle adéquat et que nous devrions plutôt aspirer aux impératifs imposés par l'industrie de la mode. S'ensuit une quête vertigineuse et interminable pour correspondre à ces idéaux factices.

L'individu dépressif n'est pas une entité détachée de la société à laquelle il appartient, même s'il a parfois l'impression de ne plus en faire partie à cause de son retrait involontaire. En ce sens, le professeur de sociologie et chercheur québécois Marcel Otero a rédigé un ouvrage jetant un éclairage fort intéressant sur la manière de lire et d'interpréter le phénomène de la dépression dans nos sociétés contemporaines. « La dépression, comme la névrose autrefois, est un défi pour l'individualité ordinaire de son temps. Elle la met à l'épreuve tout en révélant ses principales caractéristiques et exigences, auxquelles tous les individus sont confrontés. [...] Elle est étroitement associée aux tensions de son époque, en l'occurrence à celles du monde du travail et à celles du rapport à ses propres capacités sociales et à soi-même[2]. »

Réussite sociale et estime de soi

En somme, la performance et la perfection seraient synonymes de réussite sociale. La richesse extérieure au détriment de la richesse intérieure est constamment mise au premier plan comme moyen d'atteindre le bonheur et d'obtenir un état considéré estimable par nos concitoyens. Il y a pourtant une différence majeure entre réussir dans la vie et réussir sa vie, pour reprendre l'idée que l'auteur Arnaud Desjardins a développée dans son ouvrage *Pour une vie réussie, un amour réussi*[3]. Les critères ne sont pas les mêmes pour arriver à l'un et à l'autre, et les résultats non plus d'ailleurs. De plus, la pression dont il est ici question s'exerce sur une population de plus en plus jeune. Alors, comment s'étonner de lire des statistiques aussi alarmantes et navrantes que « 1 jeune sur 5 (de 9 à 19 ans) doit composer avec un problème de santé mentale ou une maladie mentale[4] ». Et que « le suicide est la principale cause de mortalité non accidentelle chez les jeunes[5] ».

Les réseaux sociaux virtuels

En cette ère technologique où toute la planète est reliée de manière virtuelle, les gens développent plus que jamais des réseaux d'amis ou de personnes partageant des centres d'intérêt, par le moyens de plateformes comme Facebook. Cette aventure qui, semble-t-il, avait débuté simplement pour permettre à des collégiens de communiquer entre eux et de se regrouper sur un site Internet, est devenue un phénomène mondial d'une ampleur sans précédent. On peut parier que ses créateurs n'avaient jamais pensé à rassembler plus d'un milliard d'utilisateurs actifs ! Il est devenu pratiquement inimaginable dans l'esprit de certaines personnes de ne pas avoir leur propre page Facebook. Comme si toute notre existence en dépendait. Cette possibilité d'échanger avec un nombre illimité de personnes est, j'en conviens, fantastique à plusieurs égards et a même permis de créer des soulèvements populaires et des mouvements de masse, comme le printemps arabe en 2012. C'est un outil formidable pour joindre rapidement des milliers de gens et les rallier à une cause. Toutefois, il y a toujours un revers à une médaille, et ce qui peut rassembler les gens peut paradoxalement faire en sorte qu'ils se sentent isolés.

Une étude récente menée par la chercheure Mai-Ly Steers, de l'Université de Houston au Texas, démontre que plus les gens qui ont une vulnérabilité psychologique et qui ont tendance à se comparer aux autres passent du temps sur Facebook, plus cela risque d'amplifier leurs sentiments liés à la dépression. Dans un chapitre à venir, je parlerai plus spécifiquement du problème de la comparaison dans la faille de l'estime de soi. Selon cette enquête, les gens qui fréquentent ce site sont portés à ne publier sur leur page que les aspects de leur vie les mettant en valeur ou les illustrant dans des moments sortant de l'ordinaire. Cela peut donner l'impression à leurs amis virtuels qu'ils mènent une vie beaucoup plus trépidante et heureuse que la leur. Et, pour citer le journaliste qui rapporte les résultats de cette recherche : « Le danger, c'est que Facebook nous divulgue souvent de l'information à propos de nos amis qui nous serait inconnue en temps normal, ce qui nous offre encore plus d'occasions de nous comparer socialement[6]. »

Pour l'avoir vérifié personnellement certains jours où je me sentais plus déprimée et insécure, je faisais exactement ce qui est relaté par la chercheure et je peux certifier que cela ne faisait qu'aggraver mon sentiment de dépression. Il est important, à mon avis, de réfléchir à notre manière de voir ce réseau virtuel et d'utiliser ce type d'outil. Il faut essayer de comprendre en quoi cela peut influer sur notre perception de soi et des autres. Car si l'attraction est très forte envers cette nouveauté technologique, il peut devenir facile de dériver dans un monde illusoire qui nous emporte parfois loin de notre réalité et de celle de nos proches.

6

Les impacts de la dépression sur les proches

DANS UNE PUB diffusée récemment sur les chaînes de télé québécoises, on pouvait voir un médecin annoncer à un patient qu'il souffrait d'un cancer. En entendant la nouvelle, ce dernier était projeté vers l'arrière, comme si un véhicule roulant à toute vitesse l'avait violemment percuté. L'image était assez frappante. En apprenant la nouvelle à leur tour, les membres de sa famille étaient eux aussi renversés sous l'effet du choc. Lorsqu'un psychiatre nous apprend que nous souffrons d'une dépression, les effets sont peut-être moins brutaux et spectaculaires à première vue que ceux illustrés dans cette publicité, puisque nous sommes souvent conscient d'être dans un état dépressif plus ou moins avancé, mais les impacts à long terme sur nous et sur nos proches n'en sont pas moins considérables.

En fait, comme cette maladie est fortement sujette à la stigmatisation et qu'elle est empreinte de mystère et d'incompréhension, la plupart des gens atteints n'ont pas une idée globale véritablement juste de tout ce qui va en découler lorsqu'ils comprennent qu'ils en sont affectés. Ils ne savent pas à quel point leur vie, ainsi que celle de leur entourage, en sera bouleversée. Et, malheureusement, il y a une propension dans certains milieux à minimiser ces conséquences. Pourtant, les ravages sont souvent dévastateurs : divorce, perte d'amis, perte d'emploi, faillite financière et plusieurs autres effets tous plus néfastes les uns que les autres. Et il peut même arriver que le naufragé entraîne dans sa chute celui qui essaie de l'aider à s'en sortir et que cette personne tombe à son tour en dépression. L'un des problèmes les plus fréquents rencontrés par ceux qui tentent de venir en aide à une personne dépressive est de ne pas se protéger psychologiquement, ce qui les conduit souvent à s'enfoncer à leur tour dans les sables mouvants.

Dans les campagnes d'information sur la dépression, on ne parle pas suffisamment de la détresse émotionnelle que vivront les proches aidants. La plupart d'entre eux ne sont pas bien outillés pour faire face à cette maladie, à cause d'un manque d'information et de préparation. Il existe des organismes soutenant les familles et les amis des gens vivant une dépression, mais ces ressources sont peu connues et souvent insuffisantes. Les proches de la personne souffrante croient faire ce qui est nécessaire et tenir les propos appropriés dans les circonstances, mais, très souvent, ce n'est pas très efficace. Au final, les choses peuvent carrément s'aggraver au lieu de s'améliorer, et ce, malgré toute leur bonne volonté.

Le piège du sauveteur

Pendant les premières semaines de ma dépression, mes proches ont tous essayé de trouver des moyens pour me venir en aide, que ce soit de manière intuitive ou à partir de ce qu'ils avaient entendu dire au sujet de cette maladie. La première réaction consiste souvent à tenter de raisonner et de secouer la personne dépressive, ou encore de banaliser sa situation et d'essayer de la divertir en espérant lui faire oublier le mal qui la gruge. Ces efforts s'avèrent rapidement inutiles. L'impuissance ressentie par ceux qui vivent avec la personne atteinte de dépression est incommensurable, ce qui finira par déteindre sur chacune de leurs interventions.

L'ayant déjà vécue moi-même, je connais bien cette impuissance qui est la nôtre lorsque nous ne parvenons pas à tirer l'autre de son mauvais sort. À maintes reprises, j'ai joué le rôle de sauveteur pour des êtres chers que je voyais s'enliser dans des situations périlleuses à cause, souvent, de problèmes de dépendance à l'alcool ou à la drogue. Certaines d'entre elles sombraient carrément dans des états dépressifs et, chaque fois, mes efforts se transformaient en échecs. Cette incompréhension mutuelle me forçait à me résigner devant l'impossibilité de les guérir. Car c'est bien de cela qu'il s'agit. Je croyais qu'en apportant mon soutien et mon amour inconditionnels, au risque de m'oublier et de me perdre, je pourrais les sauver. Mais j'ai finalement dû abdiquer.

D'autre part, j'ai également connu cette expérience qui consiste à sentir que l'on risque de se noyer avec le naufragé. Cela m'a pris bien du temps avant de comprendre combien il était téméraire de vouloir aider quelqu'un psychologiquement alors qu'on est soi-même dans un état mental précaire et qu'on n'a pas l'ancrage nécessaire pour le faire. Mes nombreuses années en psychothérapie, ainsi que la formation en animation de groupe que j'ai suivie avec mon ex-thérapeute, m'ont beaucoup appris sur l'approche à adopter dans de telles situations. Cela m'a permis de prendre conscience à quel point il est important de se protéger et de prendre soin de soi avant toute chose, afin d'être en mesure de mieux soutenir et d'aider la personne souffrante.

Dans mon cas, mon mari et la plupart de mes proches ne possédaient pas la formation nécessaire et n'avaient fait aucune démarche thérapeutique qui aurait pu les guider dans leurs interventions. Ils se retrouvaient devant un problème énigmatique qui ne leur offrait que des questions, mais aucune réponse satisfaisante. Les solutions qu'ils envisageaient ne correspondaient pas nécessairement à celles qui étaient les plus utiles pour moi. Bien souvent, ils revenaient bredouilles de leurs innombrables tentatives pour me « secourir », d'autant plus que la médication ne donnait pas du tout les effets escomptés. Cela a eu comme répercussion, particulièrement chez mon conjoint, de susciter un sentiment de frustration énorme, parfois même de la colère. Au bout du compte, cela a provoqué chez lui un épuisement psychique. Étant entouré de personnes qui étaient pour la plupart aussi peu équipées que lui dans le domaine du soutien psychologique, il avait peine à réaliser qu'il marchait sur les parois étroites d'une falaise en essayant de m'accompagner dans ma détresse. Il ne pouvait pas connaître tous les périls rattachés à la situation. Quelques personnes, la plupart travaillant dans le domaine de la santé mentale, tentaient de le mettre en garde ou de le conseiller, mais cela ne pouvait suffire à le protéger.

Probablement guidé par son instinct de survie, il a accepté une offre d'emploi en France, son pays d'origine, pour l'été, alors qu'il était en chômage depuis des mois et qu'il me voyait dépérir de jour en jour sans espoir d'amélioration de mon état. Cela correspond à l'époque où j'ai dû être hospitalisée au département de psychiatrie pour la très longue période dont il est principalement question dans cet ouvrage. J'en étais réduite à une inertie presque totale et, de plus, je devenais un danger pour moi-même, puisque j'étais envahie par des idées noires. Des gens de notre entourage ont interprété son choix comme un abandon de sa part. Comment pouvait-il partir loin de moi alors que j'étais si souffrante et que j'avais tant besoin de soutien ?

Je peux comprendre qu'ils aient porté un tel jugement. De l'extérieur, cela pouvait être perçu comme une forme de trahison, mais je suis certaine qu'ils ne savaient pas quel calvaire quotidien pouvait être le sien et jusqu'à quel point sa propre santé mentale était menacée. S'ils s'étaient retrouvés dans la même situation, peut-être auraient-ils fait la même chose. J'aurais envie, pour sa défense, de rappeler les paroles de Jésus à ceux qui s'apprêtaient à lapider une femme accusée d'adultère : « Que celui qui n'a jamais péché lui lance la première pierre. »

De plus, la présence de mon mari ne m'était pratiquement d'aucune aide sur le plan psychologique, puisque, par exemple, lorsqu'il est venu me voir à l'hôpital lors d'une première et très courte tentative de séjour au cours de ma maladie, je ne réagissais pas du tout et ne ressentais aucun bienfait, même lorsqu'il me massait les pieds. J'étais dans un état de léthargie et de fermeture totale. Le pire : lorsqu'il voulait quitter ma chambre d'hôpital, cela provoquait chez moi un sentiment de colère et un état de crise majeure. Comme l'enfant qui boude au retour de sa mère qui s'est absentée trop longtemps et qui recherche sa présence lorsqu'elle s'éloigne de nouveau.

Cette situation faisait en sorte que mon mari se sentait de plus en plus inutile et impuissant dans mon processus de guérison. C'était extrêmement éprouvant pour lui. La psychiatre Suzanne Lamarre, avec qui j'ai eu une longue conversation, m'a dit que ce comportement était tout à fait caractéristique chez les personnes ayant un trouble de l'attachement. Ce commentaire a nourri chez moi une longue réflexion, je dois l'avouer.

Ce n'est que bien des années après mon rétablissement, une fois la plaie cicatrisée, que mon époux et moi avons reparlé de cette histoire. Je lui ai dit que je ne lui en voulais pas de la pénible décision qu'il avait dû prendre lors de mon hospitalisation à long terme et que je pouvais comprendre qu'il ait choisi de suivre son instinct pour survivre mentalement. Ce moment, profondément émouvant pour nous deux, nous a libérés d'un grand poids.

La famille et les amis

L'une des choses les plus éprouvantes pour la famille et les amis de la personne dépressive, et aussi pour cette dernière, est la difficulté de communication. Certains des proches finissent souvent par ne plus comprendre ce qui se passe et s'éloignent malgré eux. Comme chacun a sa façon de voir les choses à travers son prisme, ses idées préconçues et sa vision de la dépression, il survient de nombreux malentendus. Il peut même arriver que des personnes proches du malade soient en désaccord et entrent en conflit à cause de l'approche et des solutions divergentes qu'elles proposent. Il peut aussi y avoir mésentente quant à la place qu'elles désirent occuper auprès de la personne souffrante. Le fait que cette maladie soit si peu ou mal comprise suscite des opinions parfois fort différentes ainsi que des préjugés tenaces, comme ceux mentionnés précédemment.

Cela dit, je tiens à préciser que tous les membres de ma famille et de ma belle-famille, ainsi que plusieurs de mes amis, se sont sentis très touchés et concernés par ma maladie. Certains d'entre eux ont joué un rôle de soutien important à plusieurs égards, principalement ma sœur Clayre, qui habitait près de chez moi. Je l'ai souvent remerciée pour tout ce qu'elle a fait pour moi et j'espère qu'elle sent toute ma reconnaissance.

Par ailleurs, je me souviens de moments où, à cause de mon grand manque d'énergie, je n'arrivais plus à prendre la moindre décision et me retrouvais au beau milieu des membres de mon entourage immédiat qui discutaient à propos des démarches susceptibles de me guérir. Tout ce beau monde avait des intentions nobles, j'en conviens, et chacun croyait détenir *la* solution. Mais le problème est que la principale personne intéressée finit souvent par ne plus être considérée dans le processus de prise de décisions. J'ai en mémoire des situations où les gens parlaient de mon cas en ma présence, comme si je n'étais pas là. Ils oubliaient que, malgré mon silence et mes problèmes de communication, j'étais totalement lucide et apte à donner mon opinion.

J'ai vécu des situations désagréables semblables lors de mes rencontres avec des professionnels de la santé, avant et pendant mon séjour à l'hôpital. Parce qu'on a l'impression que la personne dépressive n'a pas la capacité de participer à la conversation, on risque de l'infantiliser et de ne pas tenir compte de ce qu'elle ressent et désire vraiment. Cela peut devenir une source majeure de frustration pour elle en plus d'entraîner les membres de son entourage à se disputer. Se chamailler afin de savoir qui a raison et qui a la meilleure idée est franchement déplorable, voire improductif.

Au bout de plusieurs mois d'essais et erreurs, les proches du malade en viennent, dans la plupart des cas, à s'essouffler. Certains vont carrément jeter l'éponge en ne voyant aucun signe d'amélioration. Il est évidemment très éprouvant pour ces personnes de voir un proche qui était jusqu'alors en parfaite santé, d'humeur joyeuse et dynamique, se transformer en espèce de zombi et devenir l'ombre de lui-même. C'est fort déstabilisant, car ils ont l'impression de ne plus le reconnaître, ce qui peut créer un sentiment d'inquiétude et de peur. Ils se retrouvent devant un miroir troublant dans lequel ils ne veulent surtout pas voir leur propre image, par crainte que cela puisse un jour leur arriver. Ce phénomène est semblable à ce qui se produit quand on croise une personne itinérante et qu'on évite son regard par peur d'y percevoir son propre reflet. Avoir devant soi un être cher qui n'est soudainement plus le même nous renvoie à nos propres démons et fragilités psychiques. Et si nous avons le moindrement des failles en latence, celles-ci risquent d'être rudement fragilisées au contact d'une personne en détresse.

Je n'ai pas encore abordé le cas des enfants dont l'un des parents vit une dépression, mais, pour avoir entendu plusieurs témoignages à ce sujet, il s'agit pour eux d'un événement marquant qui pourrait même causer un traumatisme. Qu'il s'agisse de sa mère ou de son père, il est douloureux pour un enfant de voir la personne qui compte le plus dans sa vie s'écrouler et ne plus être capable de prendre soin d'elle-même ni des siens. Un sentiment de grande insécurité surgit alors en lui et peut perdurer. Sa confiance dans celui ou celle qui est censé le protéger est ébranlée, ce qui peut fragiliser sa confiance en soi, en l'autre et en la vie. Cela est particulièrement le cas des jeunes enfants en plein développement affectif, sans oublier ceux qui ont vécu l'atroce tragédie du suicide de leur père ou de leur mère. Je traiterai, au chapitre suivant, des enjeux liés à l'un des derniers tabous dans notre société, le suicide, et de ses effets sur ceux qui restent.

7

Le dernier tabou : le suicide

« Ceux qui se suicident ont l'âme impuissante et sont totalement vaincus par des causes extérieures qui s'opposent à leur nature[1]. » Voilà ce qu'écrivait le philosophe Spinoza au XVIIe siècle à propos du dernier tabou dans notre société. Parmi les pays membres de l'OCDE, le Québec est malheureusement l'un des chefs de file en la matière. De 1950 à 2000, le nombre annuel de suicides s'est multiplié par neuf, selon Monique Séguin, professeure en psychologie à l'Université du Québec en Outaouais. Lors du premier congrès qui s'est tenu sur ce thème à Montréal en 2013, Fabrice Jollant, psychiatre et professeur à l'Université McGill, a mentionné que 10 % des personnes à qui on a diagnostiqué une dépression grave se suicident[2]. Pour ce qui est de la France, le constat n'est guère plus réjouissant, puisque un décès par suicide survient toutes les 40 minutes et qu'il s'agit de la deuxième cause de mortalité chez les sujets âgés de 15 à 44 ans[3].

Les traces du suicide

Si j'aborde cette question très délicate, pour ne pas dire interdite dans bien des foyers, c'est qu'elle occupe une place significative dans mon histoire personnelle. Mes tout premiers contacts avec le suicide ont eu lieu à la fin de mon adolescence, alors que ma mère m'annonçait qu'une de ses amies, que j'affectionnais particulièrement, venait de mettre fin à ses jours. Je me rappelle vaguement des allusions faites aux troubles de santé mentale dont elle souffrait. À l'époque, je ne connaissais à peu près rien de ce que l'on nomme aujourd'hui les problèmes d'anxiété, ni de la dépression. Les explications s'étaient arrêtées là. J'avais eu beaucoup de chagrin en apprenant cette triste nouvelle, et un sentiment diffus de malaise m'avait alors envahie.

Quand j'ai obtenu mon congé de l'hôpital lors de ma première dépression survenue dans la jeune vingtaine, c'est ma mère qui, encore une fois, a eu la pénible tâche de m'informer du suicide d'un de mes premiers amoureux, dont les parents étaient amis des miens. C'était un garçon d'une grande beauté, doté d'une remarquable sensibilité et d'une intelligence vive. Il avait mon âge et avait mis un terme à sa vie en se pendant dans la maison familiale. La nouvelle m'avait alors atterrée et troublée. D'autant plus que des idées du même ordre m'avaient habitée avant que je sois hospitalisée. Mais, encore une fois, il n'y a pas eu de discussion sur le pourquoi de ce geste, dans le but d'essayer d'en comprendre le sens. J'ai alors senti qu'on ne pouvait pas parler de ces choses qui risquent de trop nous remettre en question et de bouleverser nos convictions. Je suis donc demeurée avec mes interrogations et un goût amer dans la bouche, projetant dans ma tête les terribles images de cette fin tragique.

Ce silence est un poids incommensurable pour tous ceux qui ont connu de près une personne qui s'est enlevé la vie. En plus d'avoir à porter ce poids, la honte et la culpabilité sont très souvent les corollaires du silence. Lors de ma participation récente à un atelier sur le suicide dans le cadre de la International Recovery Citizenship Conference, j'ai soudain pris conscience de l'immense charge qui était demeurée en moi depuis la mort de mon père, il y a 28 ans. Les seules personnes à qui j'avais révélé la cause de sa mort prématurée – ce qui était en quelque sorte un secret de famille – étaient celles de mon entourage immédiat et les membres du groupe de thérapie auquel j'avais participé pendant de nombreuses années. En dehors de ce cercle restreint, je n'avais jamais eu l'occasion de partager mon expérience et d'échanger à ce sujet.

Quand j'ai pris la parole, un flot continu s'est déversé sur l'auditoire, qui a reçu avec étonnement mes propos emportés et empreints de révolte. Je n'ai pas pu m'empêcher de dénoncer le fait que nous vivons dans une société qui fait semblant que la mort n'existe pas et qui glorifie la jeunesse éternelle. Dans un tel contexte, il est difficile d'imaginer qu'une personne souhaite volontairement mettre fin à ses jours. En fait, le mot « volontairement » n'est pas approprié, puisqu'en vérité le geste consistant à mettre un terme à ses jours semble la seule issue possible pour la personne suicidaire. Par ce geste, elle veut mettre fin à ses souffrances et ne plus se sentir un poids pour les autres. Du moins, c'est ce que j'ai vécu lorsque j'ai fait une tentative. Il est important de comprendre qu'il ne s'agit pas ici de courage, encore moins de lâcheté. J'entends trop souvent ce genre de commentaires au sujet d'un suicide. Ce sont des préjugés qui, malheureusement, circulent abondamment sur la place publique et donnent une fausse perception de la réalité. Pour une personne qui, comme moi, aime ardemment la vie et a tellement envie de goûter à chaque instant, il est parfois difficile de me souvenir qu'un tel désir de mort ait pu m'habiter. Mais lorsqu'on se retrouve au fond du gouffre, que la lumière semble éteinte à tout jamais et que l'espoir est perdu, l'idée de passer à l'acte peut effectivement sembler la seule solution envisageable. Toutefois, si la mort soulage apparemment la personne qui souffre, qu'en est-il de ceux qui restent ?

« Un suicide a un effet dévastateur sur l'entourage. On calcule que, pour un suicidé, environ 6 à 10 personnes seront endeuillées pour plusieurs années[4]. » La psychiatre et professeure Suzanne Lamarre a publié en 2014 un ouvrage très intéressant jetant sur le suicide un nouveau regard qui favorise une approche plus globale. Pour elle, comme le titre de son livre l'indique, le suicide est l'affaire de tous. On a souvent tendance à analyser la personne qui a commis ce geste sans tenir compte de l'ensemble de son vécu et en oubliant d'intégrer sa famille et son entourage dans les processus de prévention et, si la tentative a échoué, de rétablissement. Je ne m'étendrai pas sur les propos de cette femme que j'admire et que j'ai eu la chance de connaître alors qu'elle dirigeait le département de psychiatrie du Centre hospitalier St. Mary, à Montréal, et que nous faisions toutes deux partie du Comité pour l'amélioration de la qualité des soins, mais je vous encourage vivement à lire son ouvrage.

L'un des principes de base préconisés par cette spécialiste, qui a travaillé pendant plus de 30 ans dans les urgences psychiatriques, est de « ne pas faire aux autres ce qu'on ne voudrait pas que les autres nous fassent [5] ». Et cela est applicable tant en ce qui concerne la manière dont les intervenants en santé mentale doivent traiter la personne dépressive que dans la réflexion que cette maxime peut susciter chez celui qui a tenté de se suicider. En ce sens, docteur Lamarre demande en toute simplicité à la personne qui a commis une tentative de lui dire comment elle réagirait si c'était un être cher qui avait fait la même chose. Il semble que cela ait un impact réel qui provoque chez le suicidaire un sentiment de tendresse et d'empathie pour les autres, de même qu'une prise de conscience. Voici ce qu'elle écrit à ce sujet : « Grâce à ce sentiment de générosité, la personne en détresse peut saisir progressivement l'importance de se libérer de la majorité de ses contraintes pour ne plus en arriver à tuer l'autre, car elle saisit que se tuer, c'est tuer l'autre, et réciproquement[6]. »

Les origines de la détresse psychologique

Sincèrement, je ne crois pas que mon père était conscient de la douleur morale innommable qu'il allait infliger aux membres de sa famille en passant à l'acte. Cet être généreux au cœur sensible n'aurait jamais voulu nous faire de mal. Ce n'est que plusieurs années après sa mort que j'ai désiré en savoir plus sur son passé affectif. Je savais qu'il était taciturne et avait de la difficulté à manifester ses émotions, comme la plupart des hommes de sa génération. Son unique sœur biologique, un peu plus âgée que lui, m'a éclairée à ce propos. Elle m'a raconté que mon père n'avait que quatre ans lorsque leur mère est décédée. Il était très attaché à elle, qui était si douce et affectueuse. Le remariage de son père fut pour lui une source de grand désarroi, sa nouvelle épouse étant stricte et plus distante que sa mère. Et elle souhaitait avoir des enfants le plus tôt possible, ce qui n'a rien arrangé. Ma tante m'a alors avoué que mon père n'avait jamais su retrouver avec sa nouvelle mère le lien qu'il avait connu avec sa mère biologique.

Selon des données provenant de l'Infocentre de santé publique du Québec pour les années 2006 à 2010, 140 aînés se suicident chaque année en moyenne au Québec. Parmi les personnes âgées qui s'enlèvent la vie, on compte près de quatre fois plus d'hommes que de femmes[7]. Différents facteurs peuvent expliquer les raisons du nombre plus élevé de suicides chez les hommes, entre autres l'utilisation de moyens létaux. Toutefois, je suis persuadée que l'isolement dans lequel ils se retrouvent très souvent, par crainte d'être jugés et de ne pas être à la hauteur des attentes sociales, fait partie des problèmes qui favorisent leur geste. Voici ce que docteur Lamarre écrit à propos des facteurs de vulnérabilité : « La personne qui a appris à rester dans son impuissance en cultivant une pauvre estime de soi ou en raison d'un passé d'abus ou de relations problématiques ressent plus longtemps et plus rapidement le désespoir dans des siuations difficiles[8]. »

Malheureusement, la violence que mon père s'est infligée par cet acte ultime n'a pu faire autrement que de nous éclabousser psychologiquement. Personne ne sort indemne d'une telle tragédie, et chacun doit développer ses mécanismes de survie. Dans mon cas, j'ai eu besoin d'en parler avec des gens de confiance pour transcender la douleur. Malgré cela, la parole n'a pas suffi à m'empêcher de vouloir m'enlever la vie alors que j'étais au plus profond de ma deuxième dépression. Heureusement, je n'ai jamais complètement perdu le lien qui m'unissait aux êtres qui m'étaient chers et, inconsciemment, c'est peut-être la raison pour laquelle je n'ai pas récidivé. Je garde en mémoire les propos que j'ai tenus à une bonne amie lors d'une conversation téléphonique pendant mon hospitalisation.

Je lui disais que, si la réincarnation existait vraiment, malgré le fait que je ne sois pas bouddhiste, j'avais très peur de revenir sur terre et de souffrir encore plus si je terminais mes jours ainsi.

Nos origines judéo-chrétiennes

Dans son livre, Suzanne Lamarre démontre judicieusement les sources historiques de la société québécoise sur les plans moral et religieux. L'Église a longtemps exercé une très grande emprise sur notre mode de vie et sur nos valeurs. Je suis d'accord avec elle lorsqu'elle explique que l'ordre social et la paix dans les familles ont été maintenus en grande partie par les sentiments de honte et de culpabilité, hérités de la religion catholique dans laquelle j'ai moi-même baigné. Ainsi, nous avons vécu pendant des décennies, pour ne pas dire des siècles, en nous blâmant nous-mêmes ou en blâmant les autres. Tout le contraire de la responsabilisation et de l'autonomie. Je comprends profondément aujourd'hui ma mère de ne pas avoir voulu que les autres sachent comment mon père était mort et d'avoir imposé de manière implicite le silence au sein de notre famille, et ce, pour plusieurs raisons. Mais, neuf ans après le décès de ma mère, et cinq ans après celui de mon frère aîné, qui était en quelque sorte son gardien et son protecteur, j'avoue ne plus avoir la force de porter ce poids sur mes épaules fatiguées. Aussi, j'espère que mes sœurs comprendront que j'ai choisi de rompre ce silence. Car, comme je l'ai mentionné lors de l'atelier sur le suicide, il est grand temps que nous sortions tous de la honte et de la culpabilité et qu'un débat ouvert en société soit fait sur le sujet, ainsi que sur la maladie mentale en général. C'est une question de survie pour notre société.

8

La première chute

PLUSIEURS ÉTUDES, dont celle publiée par l'OMS, affirment qu'un premier épisode de dépression survient, dans la plupart des cas, à la fin de l'adolescence ou au début de l'âge adulte. Pour ce qui est du Canada, dans un entretien accordé à *La Presse,* docteur Manon Charbonneau, membre du conseil exécutif de la Commission de la santé mentale du Canada, a confirmé l'importance de l'intervention à un âge précoce, car, dit-elle, « lorsqu'ils auront atteint 29 ans, environ 40 % des jeunes Canadiens auront eu une maladie mentale[1] ». On parle donc de près de la moitié de la population, ce qui est des plus inquiétant.

Pour moi, l'adolescence a été un passage plutôt difficile sur le plan affectif, avec un épisode à tendance boulimique. À cette époque, je ne savais pas vraiment ce que voulait dire « faire une dépression ». Ça demeurait une chose assez vague, et la maladie mentale était un sujet sensible dont peu de gens osaient parler. Mais il est certain que mon équilibre psychologique était fragile et mon estime de soi très faible.

Comme je pouvais fonctionner à peu près normalement, je n'en parlais à personne autour de moi. Toutefois, je me souviens très bien de l'état d'angoisse dans lequel je me trouvais. Aussi, l'une des manières de la calmer était de me lever la nuit pour me gaver de friandises de toutes sortes, rangées dans un meuble bien garni, et de m'empiffrer jusqu'à en avoir mal au cœur. J'allais me recoucher le ventre plein avec le sentiment d'avoir, pendant un moment, engourdi les émotions troubles qui m'assaillaient. Mais tout était à recommencer le lendemain. J'ai finalement réussi à traverser cette phase de peine et de misère, sans que les membres de ma famille soupçonnent quoi que ce soit.

C'est à l'âge de 23 ans que ma première véritable chute a eu lieu. Je venais de terminer mes études à l'université et m'apprêtais à affronter le marché du travail, une étape pouvant causer une certaine dose de stress chez tout le monde. À cela s'ajoutaient un sentiment confus de frustration et un état d'errance. Ayant opté pour des études universitaires en communication afin de satisfaire les attentes de mes parents, qui voyaient d'un très mauvais œil mon désir de me diriger vers une carrière artistique, j'avais fait ce choix sans grande motivation ni conviction. C'était pour moi un pis-aller, puisque je croyais que ce domaine rejoignait d'une certaine manière mon envie d'être comédienne, c'est-à-dire de communiquer avec le public. J'ai finalement obtenu mon baccalauréat après trois années à me répéter que ce n'était qu'une simple transition. Mes parents croyaient que j'avais renoncé à ma lubie et que j'étais enfin devenue un jeune femme raisonnable en voie de pratiquer un métier sérieux et honorable qui me procurerait une meilleure sécurité financière que le monde du spectacle. C'était là sous-estimer toute la passion et l'entêtement qui m'habitaient...

Avec mon diplôme en poche, je devais maintenant faire face à la réalité du monde du travail et trouver l'énergie nécessaire afin de postuler les emplois offerts, un effort qui m'était plutôt pénible. J'allais à reculons à la rencontre d'éventuels employeurs, tel un animal en route vers l'abattoir. Je n'arrivais pas à me raisonner et à accepter d'abandonner mon rêve. J'ai finalement, presque malgré moi, décroché un contrat de guide à l'Assemblée nationale du Québec, là où, drôle de coïncidence, mon père avait déjà siégé en tant que député. Toute personne ayant obtenu ce poste aurait été fière d'être l'heureuse élue. Mais la nouvelle provoqua chez moi l'effet contraire. Je me rendais compte que j'allais entrer dans un monde d'où je ne pourrais probablement plus jamais m'extirper. C'était, je le croyais fermement, le début de la fin.

Si je relate cette histoire, c'est qu'elle est signifiante dans mon parcours de santé mentale. Lorsque j'ai fait allusion précédemment à la faille dans l'estime de soi, que je considère, pour ma part, comme étant fondamentale dans la dépression, je peux certifier que cette période de ma vie, ajoutée à celle à laquelle je viens de faire allusion, a été sans aucun doute cruciale. J'estime que c'est de l'adolescence au début de l'âge adulte, alors que nous quittons le milieu scolaire, que nous établissons les bases de notre avenir personnel et professionnel. C'est à cette période de notre vie que nous effectuons certains choix et affirmons notre orientation sexuelle, nos valeurs, nos idéaux, nos désirs et nos rêves. Nous sommes en pleine transformation à tous points de vue. Aussi, le terreau sur lequel se construit cet adulte en devenir est plus ou moins stable et fiable à cause de divers facteurs.

Lorsque le besoin d'être accepté et reconnu par l'autre est tel qu'il outrepasse le respect de notre véritable nature, il y a péril en la demeure. D'autant plus si la connaissance et la reconnaissance de soi sont pour ainsi dire inexistantes. On est alors en proie aux vents changeants et aux influences de tout un chacun. Cela me fait penser à la chanson d'Édith Piaf intitulée *L'hymne à l'amour,* dans laquelle elle raconte l'histoire d'une femme qui se dit prête à tout faire pour l'homme qu'elle aime, jusqu'à « renier ses amis et sa patrie ». Est-ce véritablement de l'amour que d'accepter d'être quelqu'un d'autre que soi-même ? Ce type de relation où l'on s'oublie pour correspondre aux demandes de l'être aimé est une chose que j'ai bien connue au cours de mon adolescence et par la suite. Cette recherche extrême de l'approbation de l'autre est, selon moi, tout le contraire de l'amour de soi. Cela m'a pris du temps à comprendre la différence entre être aimée pour celle que je suis et essayer de correspondre à celle qui serait possiblement aimable.

Ce malentendu a été la cause de nombreuses blessures et déceptions dans ma recherche de l'âme sœur, et j'ai trop souvent fait d'énormes compromis au détriment de mes besoins et de mes désirs profonds. Cela peut conduire très loin dans une forme d'abnégation de soi, jusqu'à en perdre sa propre identité. Ce n'est qu'au début de la trentaine que j'ai réellement pris conscience de ce que je qualifierais de déficience affective. J'ai alors amorcé une psychothérapie qui m'a amenée à comprendre que la première personne que je devais apprendre à aimer et à respecter était moi-même.

Les origines de la faille

Cette fracture entre mon cœur, qui souhaitait s'épanouir dans le milieu artistique, et ma tête, qui tentait de me convaincre qu'il était préférable d'aller vers un métier moins précaire, me causait de grands tiraillements intérieurs. J'étais prise entre mon besoin de me réaliser et celui de satisfaire aux exigences sociales et familiales. J'en venais même à douter de la véracité de mon désir et de mes chances de réussir dans le domaine des arts. Mon degré de confiance en moi étant alors très peu élevé, je finissais par croire que mes parents avaient peut-être raison de me mettre en garde. De plus, comme je vivais encore sous leur toit à l'époque, je me sentais redevable envers eux et ne croyais pas être en droit de réclamer la réalisation de mon rêve. J'ai ainsi dû lutter contre moi-même, jusqu'à en arriver à un effondrement nerveux total.

Je venais de terminer l'étape de la formation pour devenir guide à l'Assemblée nationale lorsque ma première dépression a commencé. Je me rappellerai toujours le jour où ma mère m'a dit qu'elle avait reçu un coup de fil confirmant que j'avais été retenue pour le poste. Je crois que cela aurait été moins pénible si elle m'avait dit que j'avais été sélectionnée pour passer à la guillotine... Je ne pouvais plus reculer, j'étais prise au piège. Une immense masse sombre et menaçante s'est abattue sur moi et je me suis peu à peu enfoncée dans l'angoisse et la torpeur pendant des jours et des jours. Mes parents ont alors demandé l'aide d'un psychiatre, le fils d'une de leurs connaissances. Celuici a essayé du mieux qu'il pouvait de garder ma tête hors de l'eau, mais en vain. Et, dans une commune décision avec lui, j'ai opté pour faire un séjour à l'aile psychiatrique de l'hôpital situé près chez moi, ne voyant pas d'autres solutions pour me délivrer de mon mal de vivre. D'autant plus que des pensées suicidaires commençaient à émerger, ce qui inquiétait vivement une amie à qui j'avais fait part de mes idées morbides. Chaque fois que je prenais la voiture pour rentrer chez mes parents, elle me demandait de lui téléphoner dès mon arrivée pour la rassurer. Le psychiatre et elle étaient d'ailleurs les seuls à partager ce secret avec moi. Avec le recul, je réalise que ça ne devait pas être évident pour elle d'être ce témoin priviligié, à cause de tout le poids que cela comportait. Mais, Dieu merci, je ne lui ai pas fait subir le pire. Ni à mes proches.

Cette première phase dépressive ainsi que mon hospitalisation ont été de beaucoup plus courte durée que celles survenues dans la quarantaine. Il semble que les antidépresseurs avaient alors réussi à amoindrir mes symptômes et, finalement, à me ramener à un état dit normal. À la suite de ces événements, j'ai quitté le nid familial pour aller habiter seule en appartement. Par la suite, j'ai envisagé d'auditionner dans une école de théâtre afin de réaliser mon rêve de devenir comédienne, ce qui s'est concrétisé deux ans plus tard. Mais la fameuse faille n'était pas colmatée pour autant. En fait, elle était en dormance jusqu'au prochain séisme intérieur…

La quête de sens

Avec le recul, j'ai pu observer qu'il y avait une constante lors de mes deux dépressions. J'ai d'ailleurs relevé la même chose chez plusieurs personnes qui ont connu cette maladie, soit la perte de sens et la recherche de sens. Sans tomber dans le domaine mystique ou religieux, il faut reconnaître qu'une grande partie de la population occidentale connaît une crise importante sur le plan spirituel en ce début du XXIe siècle. On parle abondamment de la crise économique qui frappe notre civilisation, mais qu'en est-il de celle qui touche notre esprit et notre âme ? Le trou noir spirituel dans lequel j'ai été aspirée pendant ma dépression m'apparaît comme l'illustration aiguë de cette perte de sens. Comme s'il fallait passer par un quasi-anéantissement de l'être pour renaître et redonner un sens à sa vie. Comme me le disait une amie à qui je vouais une profonde affection et qui est décédée beaucoup trop jeune, j'ai vécu une sorte d'épreuve initiatique, comme dans les grandes mythologies.

Notre médecine actuelle a certes réalisé d'immenses progrès en termes de dépistage, de diagnostic, de traitements et des autres interventions d'ordre technique. Nous pouvons effectuer des opérations dans des régions du cerveau autrefois inaccessibles grâce, entre autres, à de nouveaux outils à la fine pointe de la technologie. Le savoir scientifique a atteint un sommet qui était impensable il n'y a pas si longtemps, par exemple les découvertes majeures sur le génome humain. On peut désormais fonctionner avec des organes artificiels et mener une vie somme toute normale. Tout cela est assez extraordinaire, j'en conviens, et permet à des gens de survivre à leur maladie. Toutefois, malgré ces avancées phénoménales sur le plan scientifique, il demeure que l'être humain, lui, n'a pas véritablement changé depuis la nuit des temps et que ses questionnements et ses besoins fondamentaux sont toujours les mêmes.

La psychiatrie est la médecine de l'âme. En grec, *psyche* signifie « âme », et *iatros*, « médecin ». À mon humble avis, cet aspect de la maladie est encore trop souvent occulté aujourd'hui, volontairement ou non. Car, au-delà de tous les symptômes reconnus comme appartenant à la dépression et des divers traitements médicaux auxquels nous avons recours pour la soulager, l'âme est-elle vraiment prise en considération lorsque vient le temps de soigner la personne souffrante ? Il ne s'agit pas d'opposer la médecine qui traite le corps à celle qui soigne l'âme, mais plutôt de les relier de nouveau. Comme il en a toujours été dans certaines civilisations ancestrales, bien avant la naissance de la médecine moderne et l'avènement de la psychiatrie.

Après avoir exercé son métier pendant plus de vingt ans, le cofondateur de la postpsychiatrie, le Britannique Phil Thomas, en est venu à la conclusion que la psychiatrie moderne accorde trop de place à la biologisation lorsque vient le temps de comprendre et de traiter la maladie. Il croit qu'il faut revenir à ce qu'était le rôle du médecin à l'origine, soit celui d'aider les gens. « Dans le champ de la santé mentale, cela veut dire les accompagner pour qu'ils découvrent leurs propres valeurs – le sens de leur vie, au fond –, tous ces éléments spirituels que certains trouvent encore dans la religion, mais que d'autres doivent puiser ailleurs[2]. »

Vous me direz que nous avons accès, et ce depuis plusieurs décennies, à diverses thérapies qui font justement appel à la psyché du malade, et il est vrai que cela est de plus en plus reconnu et soutenu par le milieu médical traditionnel. Et c'est tant mieux ! Mais il reste encore un bout de chemin à faire avant que l'âme et l'esprit retrouvent leur place dans le traitement global de la maladie, et ce, dans une approche plus holistique du rétablissement et de la prévention. Si nous n'analysons pas ce qui, en amont de la dépression, provoque une continuelle croissance du taux de la population atteinte par ce cancer de l'âme, nous ne pourrons jamais arrêter l'hémorragie sociétale que nous vivons au Québec et dans les autres pays occidentaux industrialisés.

« Souvent, dans un milieu hospitalier, les services en soins spirituels sont le seul espace où la personne se sent accueillie de manière inconditionnelle, sans qu'il y ait un *a priori*. Elle est libre, à l'abri de l'obligation de subir une évaluation, d'atteindre des objectifs[3]. » Cette phrase, extraite d'un article rédigé par l'intervenant en soins spirituels George Bastien pour la revue *Le partenaire,* rejoint l'expérience que j'ai vécue lors de mes première et deuxième dépressions. Cette partie invisible de notre être qui souffre et ne trouve plus de sens à la vie ni d'espoir de guérison a besoin de s'exprimer, et, malheureusement, elle est très rarement – pour ne pas dire à peu près jamais – prise en considération dans les soins en santé mentale. La spiritualité est une réalité qu'on néglige dans les diverses interventions des professionnels de la santé auprès de la personne malade. On y apporte une attention plus particulière lorsqu'il s'agit de patients aux soins palliatifs, ou parfois pour certains types de maladies, comme le cancer.

Pourtant, les besoins sont exactement les mêmes, sinon plus grands, en ce qui concerne les gens atteints de dépression, car l'épreuve qu'ils traversent peut, à certains égards, se rapprocher de la mort, soit celle d'une mutation d'un état d'être à un autre.

La doctorante en théologie Ellie Saint-Amour écrit dans le même numéro que « la maladie mentale peut devenir un refuge quand nous avons trop mal et que donner un sens à notre monde intérieur devient trop complexe ». Elle fait référence, parmi divers auteurs célèbres, au médecin et psychiatre Victor Frankl, qui a connu les camps de concentration. Voici ce qu'elle dit à son sujet. « Il [V. Frankl] affirme que l'être humain est d'essence spirituelle, que sa nature profonde le conduit vers la connaissance de son âme et il relie l'ennui, la dépression, l'agressivité et la toxicomanie au vide existentiel[4]. »

Je me souviens d'avoir maintes fois entendu cette fameuse citation attribuée à André Malraux : « Le XXIe siècle sera spirituel ou ne sera pas. » Ces paroles prononcées au siècle dernier me semblent assez prophétiques.

La nature de notre être

Un jour que je me promenais dans les rues de ma ville, un an après ma sortie de la dépression, j'ai croisé par hasard (mais le hasard existe-t-il vraiment ?) une femme que j'avais connue alors qu'elle travaillait comme commis caissière à ma banque. Nous avions souvent des discussions brèves mais fort intéressantes lorsqu'elle me servait au comptoir. Je ne l'avais pas revue depuis que j'avais quitté le quartier, et voilà que je l'aperçois qui se dirige vers moi en souriant. C'est elle qui m'a reconnue la première. Elle semblait différente, d'autant plus que je ne l'avais jamais rencontrée en dehors de son travail. Spontanément, nous avons engagé une conversation qui m'a amenée à lui révéler que j'avais vécu une dépression et que je n'allais plus à la banque parce que j'avais quitté le quartier. Elle m'a aussitôt répondu qu'elle avait laissé son emploi, qu'elle aussi avait fait une dépression et que bien des choses avaient changé dans sa vie. Elle avait entre autres commencé à écrire et à peindre pour exprimer sa créativité. En l'écoutant me raconter son histoire, je n'ai pu m'empêcher de lui lancer cette phrase à la volée : « La dépression, c'est la négation de notre essence. » Ou, en d'autres termes, de notre nature.

J'avais complètement oublié ces mots que je lui avais dits lorsque nous nous sommes croisées de nouveau il y a environ deux ans lors d'une marche pour la santé mentale tenue à Montréal. Elle m'a demandé si je me souvenais de ce que je lui avais dit à l'époque. Mes paroles semblaient l'avoir marquée. Je la remercie de m'avoir rappelé cette anecdote puisque, avec le recul, je crois que c'est une partie de mon insconscient qui avait parlé ce jour-là et non pas ma raison ou mon mental. Ces mots sont sortis de ma bouche de manière si spontanée et limpide que j'avais le sentiment de partager une vieille sagesse qui venait de je ne sais où en moi.

Dans son ouvrage *L'Éthique,* le philosophe Spinoza a écrit : « Il s'ensuit que, plus une chose s'accorde avec notre nature, plus elle est utile ou meilleure pour nous ; et, inversement, plus une chose nous est utile, plus elle s'accorde avec notre nature. » Lorsque je suis tombée sur cette citation provenant d'un homme qui a vécu au XVIIe siècle, je me suis sentie en accord avec lui. J'ai eu le net sentiment, lors de mon échange avec cette femme, que nous avions toutes deux cherché à trouver ou à retrouver, au cours de notre rétablissement, notre nature véritable, c'est-à-dire la place qui nous est la plus utile en accord avec notre être véritable.

Ainsi, après avoir traversé une épreuve, comme la dépression, qui vient ébranler nos certitudes et nos habitudes, nous ressentons le besoin de redéfinir plusieurs aspects de notre vie qui étaient établis avant la maladie. Dans mon cas, la transformation a peut-être été en apparence moins radicale que chez cette femme, qui a connu de grands vents de changement sur les plans tant personnel que professionnel, mais la plus grande transformation a été, en vérité, celle qui s'est effectuée à l'intérieur de moi. Cette quête de sens pour trouver ma nature véritable et ma place dans le monde fait partie de mon quotidien depuis ce temps. C'est pour moi une forme de discipline que de me poser la question suivante chaque fois que je me sens dériver vers des états me remémorant ma dépression : « Est-ce que je suis en train de renier mon essence, ma nature, et suis-je au bon endroit avec les bonnes personnes pour accomplir ce qui est en accord avec celle-ci ? »

Spinoza a écrit : « Puisque la Raison n'exige rien qui s'oppose à la Nature, elle exige donc elle-même que chacun s'aime soi-même, qu'il recherche sa propre utilité, en tant qu'elle est réellement utile, qu'il poursuive tout ce qui conduit réellement l'Homme à une plus grande perfection, et que, d'une manière générale, chacun s'efforce de conserver son être autant qu'il le peut. »

9

Le rétablissement

La notion de rétablissement en santé mentale est assez récente dans l'histoire de la psychiatrie. On a longtemps conçu la maladie mentale comme une fatalité, et pendant des siècles, ceux qui étaient affligés d'une forme ou d'une autre de la maladie étaient le plus souvent destinés à finir leurs jours dans un asile. Lorsque j'ai lu, dans ma jeune vingtaine, le roman *Une femme* d'Anne Delbée, inspiré de la vie de Camille Claudel, sculpteure et compagne de Rodin, j'ai été profondément touchée d'apprendre que sa famille l'avait fait interner dans ce genre d'endroit, ignorant comment composer avec ses troubles de santé mentale. Elle y mourut trente ans plus tard, isolée et abandonnée.

Vers les années 1990, une nouvelle philosophie s'est développée dans le domaine des soins en santé mentale et on a graduellement redonné aux patients leur pouvoir d'agir. L'*empowerment* (reprise du pouvoir) est un terme couramment utilisé de nos jours dans les départements de psychiatrie. J'ai d'ailleurs participé à un projet du genre au Centre hospitalier St. Mary à titre de représentante des patients et coanimatrice de groupes de discussion. Pourtant, il n'y a pas si longtemps encore, le patient était soumis à un traitement auquel il devait se contenter de répondre et s'en tenir là. La personne malade autrefois passive est maintenant au cœur même de l'action et de la prise de décisions.

Au Québec, un mouvement accordant aux utilisateurs de services en santé mentale une reconnaissance de leur savoir expérientiel est en train de prendre de l'ampleur. On parle maintenant de « pairs aidants » et de « patients partenaires ». Je fais moi-même partie de cette dernière cohorte au sein du programme *Collaboration et partenariat patient* à la faculté de médecine de l'Université de Montréal. D'autres organismes, dont l'Institut universitaire en santé mentale de Montréal, ont également mis cette expertise en place.

Les balises du rétablissement ont été établies au fil des ans par divers intervenants et instances travaillant en santé mentale. Parmi les lignes directrices émises par la Commission de la santé mentale du Canada pour les pairs aidants, on peut lire ceci : « Ce processus [de rétablissement] a comme point de départ l'espoir dans l'avenir et la conviction que quelque chose de nouveau et différent est possible[1]. »

Le rétablissement après une dépression est un long processus qui requiert de la patience, de la persévérance et, bien sûr, du courage. Il ne s'agit pas d'une simple vilaine grippe ou d'une fracture d'épaule, mais bien d'une maladie qui requiert un travail de reconstruction en profondeur et de réappropriation de sa vie. Le chemin pour y arriver n'est pas un long fleuve tranquille ni un parcours en ligne droite sans écueils ni risques de rechute. On peut même avoir parfois l'impression de faire du surplace ou, pire encore, de reculer. De plus, l'autostigmatisation, de même que la stigmatisation provenant des autres, peut alourdir le processus. Pour ma part, je vois celui-ci comme un mouvement en forme de spirale ascendante qui s'effectue graduellement, étape par étape, un échelon à la fois.

Car, même s'il peut nous arriver d'avoir le sentiment de revenir au même endroit que nous pensions avoir quitté pour de bon, en réalité nous ne revenons jamais exactement à la même place, puisque plusieurs nuances et changements subtils nous échappent. Le plus important est de sentir, au bout du compte, qu'on se dirige lentement et graduellement vers un mieux-être véritable, ainsi que vers un meilleur équilibre de vie. Lorsqu'on accède à ce point d'équilibre et de bien-être, il ne reste plus qu'à s'en servir comme point de repère lorsque les nuages refont surface et que la tempête gronde afin de garder le cap et de pouvoir revenir à bon port. Cet exercice quotidien exige de la vigilance et de la persévérance. Il faut accepter le fait qu'il s'agit d'un cheminement à long terme et que rien n'est jamais totalement acquis.

Dans mon cas, la tâche était d'autant plus grande, puisque je n'avais pas été autonome depuis des mois.

L'hôpital m'avait totalement prise en charge tant sur le plan des soins que sur celui de gestes quotidiens comme se nourrir ou faire le ménage. Pendant tout ce temps, je ne jouissais pratiquement d'aucune intimité, car je devais partager ma chambre et la salle de bain avec un ou plusieurs patients. De plus, mon pouvoir de décision réel se limitait à des dimensions aussi triviales que choisir comment j'allais me vêtir le matin, même si ce choix était plutôt restreint, ou décider si j'allais faire le tour du corridor une ou deux fois en déambulant comme une âme errante. Bien souvent, j'étais obligée de porter, à mon grand désarroi, l'horrible jaquette bleue d'hôpital qui met notre intimité à nu.

Bien sûr, après un certain temps, j'ai pu participer à différentes activités offertes par le département de psychiatrie, telles que l'ergothérapie ou les séances de relaxation, mais, lorsque j'ai obtenu mon congé de l'hôpital, tout était à réapprendre en quelque sorte. C'était pour moi une sorte de renaissance au sein de la société en marge de laquelle j'avais vécu pendant toute une année.

D'ailleurs, je pourrais même employer le terme « résurrection » en ce qui me concerne, puisque mon séjour à l'hôpital a pris fin quelques jours avant la fête de Pâques. Pour plusieurs de mes proches, mon cas semblait si irrécupérable que certains avaient plus ou moins perdu tout espoir que je puisse guérir. Je suis devenue, pour ainsi dire, une miraculée, car l'équipe médicale ne comprenait pas comment j'avais pu si bien récupérer sur les plans physique et mental malgré le fait que mon système nerveux ne répondait pas à la médication. Le traitement par électrochocs ne pouvait pas tout expliquer.

Les approches thérapeutiques

Parmi les différentes approches qui permettent de soulager les symptômes de la dépression, les antidépresseurs figurent au premier plan encore aujourd'hui. Un des effets recherchés est d'augmenter la production de sérotonine dans le cerveau afin de réguler l'humeur. Toutefois, l'organisme de certaines personnes n'est aucunement réceptif à ces médicaments et elles ne ressentiront que les effets secondaires, indésirables et non efficaces. Une partie de la population est réfractaire ou résistante aux traitements médicamenteux. De mon côté, j'ai essayé toute une panoplie de psychotropes, des petites pilules de toutes les formes et de toutes les couleurs, mais cela n'a pas amélioré mon état, à mon grand regret et à celui de mon entourage.

Pour les spécialistes de la santé mentale, il demeure encore, jusqu'à un certain point, difficile d'expliquer le phénomène de la dépression résistante. Les recherches continuent pour trouver les causes et pouvoir mieux intervenir. Chose certaine, lorsqu'un tel diagnostic est posé, les autres recours pour traiter la dépression majeure sont limités. En ce qui concerne les approches de type psychologique, ces thérapies s'adressent principalement aux gens en dépression légère à modérée, ou en phase de rétablissement. Pour ma part, comme je souffrais d'une dépression dite majeure à grave, la psychothérapie et les approches alternatives (acupuncture, reiki, toucher énergétique, etc.) ont échoué.

Un traitement de choc

Après avoir passé six mois à l'hôpital sans la moindre lueur de guérison à l'horizon, toute l'équipe de soins psychiatriques s'est réunie avec des spécialistes, dont l'un venu de l'étranger, afin de discuter de mon cas. Mon mari était présent. Ils en sont arrivés à la conclusion, en pesant le pour et le contre, que l'électroconvulsivothérapie (ECT), mieux connue sous le nom de traitement par électrochocs, donnerait peut-être les résultats recherchés. Lorsqu'on m'en a fait part, j'ai éprouvé une grande crainte. Comme bien des gens de ma génération, j'avais en tête des images horribles du film *Vol au-dessus d'un nid de coucou*, qui avait causé tant d'émoi. Qui ne se rappelle pas la scène où le personnage incarné par Jack Nicholson recevait un traitement de choc aux allures barbares ? Ces images très fortes m'avaient marquée à tout jamais.

Malgré le fait qu'on ait tenté de me rassurer en m'expliquant comment les choses allaient se dérouler, j'ai refusé ce traitement sans réfléchir bien longtemps. Sans trop savoir pourquoi, lorsqu'on m'a demandé quelques mois plus tard si j'avais changé d'idée, j'ai finalement accepté, peut-être parce que je me trouvais dans un cul-de-sac et que mon état ne cessait de se détériorer. Je suis aussi convaincue que le fait que plusieurs personnes de mon entourage aient prié et médité afin que je sorte de ce gouffre a sûrement contribué à m'éclairer dans ma prise de décision.

Cela dit, les électrochocs ne sont pas une panacée ni une garantie de réussite de guérison et, pour diverses raisons, ils ne sont pas efficaces pour toutes les personnes malades. Selon le docteur Simon Patry, psychiatre à l'Institut universitaire en santé mentale de Québec, « les antidépresseurs aident 60 à 70 % des patients, tandis que l'ECT soulage 60 % des personnes qui n'ont pas eu de résultats avec les médicaments[2] ». Dans ce même article, publié par l'Association francophone pour le savoir, il est spécifié à quel point la pratique a évolué et s'est raffinée au fil des années afin de favoriser le confort et la sécurité des patients. De plus, son efficacité s'est nettement améliorée.

À vrai dire, j'ai eu beaucoup de chance que ce traitement fonctionne pour moi et j'en suis très reconnaissante. J'aimerais en profiter pour tenter de « dédiaboliser » cette approche, qui a souvent eu mauvaise presse. Bien sûr, il ne s'agit pas d'un traitement inoffensif, puisqu'il nécessite une anesthésie générale, ce qui peut causer divers symptômes (possibilité de perte de mémoire, etc.). Ce n'est pas une sinécure ni une partie de plaisir. Mais lorsque les chances de se rétablir sont plus élevées que celles de demeurer dans un état léthargique et souffrant, le choix devient plus facile. En ce qui me concerne, je n'ai jamais regretté d'y avoir eu recours, puisqu'il m'a en quelque sorte redonné la vie.

Le personnel de l'hôpital qui m'a entourée lors de ces neuf ou dix traitements a su manifester une grande humanité et adopter une attitude très professionnelle. Je sais que des personnes ont vécu une expérience plus difficile dans certains milieux hospitaliers, mais ce serait injuste de priver tout le monde de ce traitement parce qu'il y a eu négligence dans quelques cas exceptionnels. Il ne faut pas généraliser. En 2014, à Montréal, j'ai eu l'occasion de présenter une communication lors d'un colloque organisé par le Centre d'excellence en électroconvulsivothérapie du Québec, au cours duquel j'ai rencontré le docteur Patry et Morgane Lemasson, coordonnatrice de ce centre d'étude et d'expertise. Ce centre a été créé pour permettre au public d'en apprendre davantage sur l'ECT et pour implanter de meilleures pratiques au Québec. Il est vraiment nécessaire de mieux informer les patients et leur famille à propos du large éventail de traitements offerts.

Les psychothérapies

Les plus récentes recherches dans le domaine de la santé mentale concluent, pour la plupart, que la prise d'antidépresseurs doit être complétée par un suivi psychothérapeutique pour favoriser un réel rétablissement et éviter les rechutes. Plusieurs types d'approches sont offertes pour soigner la dépression. Selon l'Organisation mondiale de la santé, trois des approches reconnues parmi les plus efficaces seraient la thérapie comportementale et cognitive, la psychothérapie interpersonnelle et la thérapie de résolution de problèmes. Bien sûr, il ne s'agit pas d'une liste exhaustive, mais ces approches semblent avoir donné des résultats fort probants dans la plupart des cas.

L'approche cognitivo-comportementale

C'est dans les années 1980 que serait née l'approche cognitivo-comportementale. Le cognitif fait référence aux pensées et aux états émotionnels, tandis que le comportemental concerne nos habitudes, nos manières d'acquérir des habiletés et notre mode de compréhension. Depuis sa création, cette thérapie a connu diverses phases de développement. Depuis quelques années, par exemple, elle intègre la pratique de la méditation de pleine conscience *(mindfulness)*. Cette pratique issue de la tradition bouddhiste a été introduite dans le milieu de la psychothérapie vers les années 1990 grâce aux travaux menés sur la réduction du stress par Jon Kabat-Zinn, professeur à l'Université du Massachusetts.

En résumé, la pleine conscience consiste à développer la conscience de soi et l'observation de soi dans le moment présent. Un des aspects fondamentaux de la thérapie intégrant la pleine conscience est que, contrairement aux thérapies traditionnelles de type humaniste ou analytique, l'accent est mis davantage sur l'acceptation sans jugement des pensées et des émotions négatives, plutôt que sur leur changement[2].

Pour ma part, c'est lors d'un long séjour à Paris, en 2013, que j'ai découvert cette forme de thérapie grâce au psychiatre et auteur Christophe André. J'ai été absolument ravie de voir que la psychiatrie s'ouvrait à de telles pratiques, surtout dans un pays comme la France, où l'on réserve une place de choix à la raison et à l'intellect. Cette ouverture à la méditation, une approche beaucoup plus près de la spiritualité que des sciences exactes, m'a époustouflée. En offrant cette discipline aux patients en rétablissement, le monde de la psychiatrie française a certainement amorcé une petite révolution.

J'aurais beaucoup aimé connaître cette approche au début de ma maladie, car elle m'aurait peut-être épargné bien des souffrances psychiques. Qui sait si j'aurais connu un deuxième épisode dépressif ? Mais, au bout du compte, ce parcours pénible qui aura été le mien aura peut-être été nécessaire pour que j'aie une vision plus globale des épreuves et des états que l'on peut vivre au cours d'une dépression. Au final, cela m'a permis de faire ma propre expérimentation des différentes pratiques et de trouver les outils les plus propices à mon rétablissement. Cela dit, je tiens à préciser qu'il existe maintenant au Québec des groupes de méditation de pleine conscience offerts aux personnes ayant souffert de problèmes de santé mentale. Comme je le mentionnais précédemment, docteur Suzanne Lamarre est l'une des adeptes de cette approche et coanime des groupes à Montréal.

En ce qui concerne les autres approches thérapeutiques préconisées par l'OMS, elles sont également inspirées des thérapies cognitivo-comportementales et touchent des problématiques plus spécifiques, par exemple la thérapie interpersonnelle ou la résolution de problèmes. Je vous propose à cet égard de consulter la littérature spécialisée sur ce sujet.

En somme, quel que soit notre choix de psychothérapie, l'essentiel est que nous établissions une relation de confiance avec notre thérapeute, car il s'agit de partager avec cette personne, qui nous est étrangère au départ, des informations intimes auxquelles même les membres de notre entourage immédiat n'ont pas nécessairement accès. Aussi, il est essentiel que l'approche adoptée corresponde à nos besoins et à nos attentes.

10

La reconstruction de l'estime de soi

QUAND VIENT LE TEMPS de se reconstruire après l'effondrement des fondations de sa maison, il est très important de prendre plusieurs aspects en considération. Il y a d'abord la nature du sol sur lequel repose cette construction, l'environnement immédiat, le type de matériaux utilisés et leur adaptabilité au climat, la structure qui supporte les murs et le toit, ainsi que de nombreux autres éléments. Comment pouvons-nous nous sentir en sécurité et en harmonie dans notre maison intérieure si nous ne possédons pas ces connaissances ? Si, au lieu d'être notre propre maître d'œuvre, nous laissons aux autres le pouvoir de bâtir notre maison à leur gré, selon leurs désirs et exigences, comment pourra-t-elle être à notre image et nous convenir véritablement ? Il ne s'agit pas d'effectuer ces travaux tout seul. Que l'on bâtisse une vraie maison ou que l'on se rétablisse d'une dépression, il est sage, voire nécessaire, d'avoir recours à de l'aide professionnelle. Mais il ne faut jamais oublier que c'est nous qui habiterons cette maison et que nous en serons le seul propriétaire et l'unique responsable à long terme. Voilà pourquoi il est si important d'être en pays de connaissance et de faire des choix éclairés.

La connaissance de soi

Lorsque j'ai commencé à émerger de ma longue nuit pour emprunter le chemin du rétablissement, je me suis posé plusieurs questions sur le pourquoi et le comment de ma dépression. J'ai notamment pris conscience de l'importance primordiale de la connaissance de soi et, par extension, de sa propre reconnaissance. En 2011, en écho à la fameuse maxime « Connais-toi toi-même » de Socrate, j'avais d'ailleurs donné le sous-titre *Apprendre à se connaître et à se reconnaître* à ma conférence intitulée *Le bonheur d'être soi !*

Au début de la trentaine, j'ai entrepris une démarche en psychothérapie de groupe afin d'explorer les méandres de la psyché. Ces rencontres m'ont permis d'en savoir plus sur la nature humaine et, par le fait même, sur moi. Je découvrais le monde sur le plan des relations entre les individus, comment elles se créent, s'entrechoquent et se positionnent. Comment les dynamiques s'installent entre deux personnalités, de quelle façon les liens se transforment et évoluent avec le temps. Aussi, j'avais à trouver ma place dans ce groupe et, par conséquent, dans la société où je me trouvais. Cela m'a valu mon lot de doutes, de confrontations, de retraits, de rejets, mais également de soutien et de complicité. Et s'il y a une chose essentielle que j'ai apprise au cours de ces nombreuses années de travail, c'est l'écoute. L'écoute de soi et l'écoute des autres.

Il est facile de donner aux autres l'impression qu'on les écoute par un léger hochement de tête ou un regard approbateur. Mais aller au-delà des paroles, sentir tout le non-dit dans le comportement et la gestuelle, dans le ton de la voix qui se fait vacillante, et accueillir sans jugement ni idées préconçues ce que la personne nous communique véritablement, cela est autrement plus exigeant. Simplement recevoir ce que l'autre nous transmet, avec tout ce que cela comporte parfois comme charge émotive, sans réagir immédiatement. Sans vouloir intervenir avec une phrase toute faite, une solution préfabriquée. Laisser pénétrer en soi les mots et ressentir comment ils résonnent. Entendre et écouter sont deux actions nettement distinctes.

Ces rencontres de groupe m'ont appris à mieux comprendre et connaître celle que je suis et à avoir une meilleure idée d'où je viens, et ce, dans tous les sens du terme. J'ai pris conscience que tous les êtres humains sont tissés des mêmes désirs et des mêmes peurs. Nous partageons tous le besoin fondamental d'être aimés et reconnus tels que nous sommes. Il faut aussi savoir s'aimer soi-même, non pas avec son ego, mais plutôt comme on aime son propre enfant ou son meilleur ami, c'est-à-dire avec toute la compassion et l'indulgence du cœur, sans s'idéaliser ni se sous-estimer.

On doit apprendre à aimer ses qualités et ses défauts, ses exigences et ses craintes, mais aussi ses espoirs et ses rêves.

Cette belle aventure humaine m'a amenée à faire des découvertes majeures, mais elle ne m'a malheureusement pas empêchée d'être happée par une terrible dépression. Avec le recul, je demeure toutefois convaincue que cette expérience m'a dicté la voie à suivre lors de mon rétablissement, de même qu'elle a écourté et facilité ma route pour me rendre jusqu'ici. D'ailleurs, dès que je me suis sentie un peu plus forte après ma sortie de l'hôpital, où j'étais demeurée pendant presque toute une année, j'ai contacté la psychothérapeute avec qui j'avais déjà fait un grand bout de chemin. Le lien de confiance était établi et elle connaissait bien mon parcours intérieur. J'ai donc repris nos rencontres, en session individuelle cette fois. En me revoyant, elle a eu l'impression que j'étais beaucoup moins fébrile qu'avant ma maladie, comme si quelque chose s'était déposé en moi et s'était relâché. Elle trouvait mon visage plus ouvert et détendu, ma manière de parler moins précipitée. Bref, je semblais dégager quelque chose de différent.

Parallèlement à ces rencontres, j'ai suivi des ateliers offerts par le centre hospitalier où j'avais séjourné afin d'améliorer mon estime de soi et mieux faire face au stress. Cela m'a permis de comprendre que, avant le grand effondrement, les fondations de mon être étaient plus fragiles que je ne le croyais. Je percevais désormais avec une plus grande acuité les raisons pour lesquelles celles-ci avaient cédé lors du séisme intérieur qui m'avait emportée.

Les huit assises de la reconstruction de l'estime de soi

La faille qui fragilise l'estime de soi est en réalité le résultat de plusieurs fissures : le jugement, les limites, l'affirmation de soi, les priorités, le perfectionnisme, la comparaison, la confiance, et le stress.

Cette liste n'est pas exhaustive, puisque d'autres facteurs peuvent aussi entrer en jeu. Toutefois, je considère que ces huit éléments liés à l'estime de soi jouent un rôle de fertilisant dans un terreau propice à la dépression. Abordons maintenant ces fissures une à une en établissant un lien avec mon parcours de reconstruction. Je donne à ces fissures le nom d'assises.

1re assise : le jugement

Quelques semaines après avoir reçu mon congé de l'hôpital, alors que je sentais mon état psychique plus stable et mon énergie suffisante pour entreprendre une forme d'activité professionnelle, j'ai décidé d'apprivoiser le milieu du travail par le moyen du bénévolat. Je ne me sentais pas prête à faire des démarches pour trouver un emploi, car j'étais consciente de la pression et de l'insécurité que cela risquait de provoquer chez moi. D'ailleurs, selon des études sur le sujet, il est nettement recommandé d'effectuer un retour au travail graduel après une dépression, de préférence à temps partiel.

Comme je possédais des économies suffisantes pour remettre à plus tard cette étape de retour au travail, j'ai offert mes services de lectrice à l'Institut national canadien pour les aveugles (INCA). Je pouvais ainsi utiliser mes compétences de comédienne de façon bénévole sans subir de pression ni devoir justifier un salaire. J'ai exercé mes talents de narratrice en enregistrant des livres auxquels les personnes souffrant de cécité ou de troubles de la vue n'auraient pas eu accès autrement. Je sentais que, en plus de reprendre des activités se rapprochant de mon métier, cela me redonnait une certaine confiance puisque je trouvais là une gratification qui donnait un sens à ce travail. De plus, les exigences étaient certes de niveau professionnel, mais il n'y avait pas de critères établis de performance et je pouvais y aller à mon propre rythme.

C'est à cette occasion que j'ai pu observer combien notre jugement, le mien en tout cas, est souvent biaisé, voire erroné. Il peut avoir un impact majeur sur la faille dans l'estime de soi.

L'autoévaluation

On dit souvent qu'on est le pire juge pour soi-même, ce que j'ai pu vérifier lors d'un atelier sur l'estime de soi que j'ai animé il y a quelques années. Un des exercices consistait à demander aux participantes d'écrire sur une feuille cinq de leurs qualités, puis cinq de leurs défauts, dans des colonnes différentes. Celle réservée aux qualités s'est remplie beaucoup moins vite que celle des défauts. Lorsque je leur en ai fait part, les femmes ont eu l'air étonnées. Cet exercice avait pour but de leur démontrer à quel point notre jugement diffère et peut être biaisé lorsque vient le temps de mettre en valeur certains aspects positifs de notre personne, par crainte de paraître prétentieux ou par manque de recul.

Lorsqu'on éprouve des difficultés à poser un regard objectif sur soi-même, cela entraîne le plus souvent une sous-estimation de ses compétences et de ses qualités. Combien de fois ai-je pensé que je ne pourrais pas occuper un poste auquel j'aspirais, croyant ne pas être à la hauteur des exigences et ne pas posséder les aptitudes requises. Mes proches m'encourageaient fréquemment à revoir mon évaluation et soulevaient des points de force auxquels je n'avais pas pensé. C'est comme si je n'arrivais pas à prendre en compte mes expériences pourtant pertinentes pour l'obtention du poste.

Aussi, je me suis souvenue qu'avant ma dépression ma capacité à évaluer une simple tâche que je venais d'accomplir était bien peu élevée, pour ne pas dire déficiente. Je me suis revue dans différentes circonstances, alors que j'attendais le verdict d'une personne en position d'autorité qui m'avait demandé de réaliser l'une de ces tâches. Souvent, ma crainte de ne pas être à la hauteur des attentes, qu'il s'agisse des siennes ou des miennes, obstruait ma vision et, par le fait même, mon jugement. J'accordais une telle importance au regard d'autrui que je n'arrivais plus à évaluer objectivement mon travail. Mon jugement oscillait souvent entre le meilleur et le pire, sans la moindre nuance. J'étais convaincue que la personne allait me dire que tout était parfait ou, au contraire, complètement raté. C'était la réussite ou l'échec total. Imaginez mon état de stress ! Évidemment, cette situation ne datait pas d'hier.

Le regard de l'autre

Ce besoin de rechercher constamment sa propre valeur dans le regard de l'autre et de vouloir obtenir son approbation m'apparaît comme une forme de handicap. Pourquoi lui confie-t-on le pouvoir d'évaluer ce que l'on fait et, pire encore, ce que l'on est ? Cela nous prive d'une autonomie psychologique et nous met dans une position périlleuse de grande vulnérabilité. C'est ce qui s'est passé lorsque j'ai eu la mauvaise idée de présenter mon court métrage à cet ami à qui j'avais accordé tant de crédibilité et qui avait émis un jugement plutôt mitigé après l'avoir vu. N'ayant pas pu me faire une opinion objective de mon propre travail, j'avais demandé au premier venu de l'évaluer à ma place. Cette quête d'approbation s'est manifestée dès ma tendre enfance. Le premier regard signifiant qui se pose sur nous est généralement celui de notre mère. Vient ensuite celui du père et des autres membres de la famille. Ce regard a joué un rôle clé pour moi. Au cours de mes années de thérapie, j'ai pris conscience de l'importante cruciale que ce regard a eue sur la valeur que je m'accordais. Je suis convaincue que cette quête auprès de celle qui m'a mise au monde s'est transposée dans le regard de toutes les autres figures qui ont eu une importance dans ma vie, et ce, sur tous les plans. J'inclus ici les relations amoureuses, qui sont assurément celles qui impliquent le plus haut degré d'intimité et de fusion, jusqu'à courir le risque de n'exister que dans le regard de l'être aimé.

Pendant une dépression, notre jugement est affecté par une distorsion de la réalité. Notre capacité à analyser objectivement les événements est atténuée. Tout ce qui est négatif prend soudainement de l'ampleur et empêche la lumière de pénétrer dans notre champ de vision. Cette propension à ne pas se voir tel que l'on est vraiment est amplifiée. Au cours de la reconstruction, il faut donc intervenir afin de remédier à cette tendance fort néfaste qui entrave notre processus de reconnaissance de soi. C'est alors qu'il devient nécessaire de se réapproprier ce regard approbateur, ce que j'ai amorcé dans le cadre de mon travail bénévole et de mes activités quotidiennes.

Pendant et après mes séances de lecture à l'INCA, je me donnais pour mission d'évaluer mon degré de satisfaction avant même que toute autre personne intervienne. J'essayais de regarder mon travail comme s'il avait été fait par une autre personne. Je m'efforçais de juger ce qui avait été bien fait et ce qui était plus ou moins réussi. J'essayais de voir ce que je pouvais améliorer. Lorsque mon travail me semblait satisfaisant, je prenais le temps de le reconnaître sans égard pour ce que les autres pourraient en penser par la suite.

Cette histoire peut sembler anecdotique, mais ce sont des gestes tout simples qui nous permettent de nous réapproprier notre propre regard. Je me suis rendu compte que j'ai toujours admiré ceux qui ont la facilité d'accorder une valeur à leur travail et d'en être fiers lorsque leur but est atteint. Ils sont aussi capables de poser un regard critique, sans être durs envers eux-mêmes, sur les aspects moins réussis des tâches accomplies, et ce, avant que les autres donnent leur opinion. Chaque fois que j'arrivais à faire de même, c'était pour moi une petite victoire !

En résumé, la première assise de reconstruction a donc été pour moi d'arriver à porter un jugement plus juste et plus objectif sur moi et sur mes réalisations. J'ai appris à me réapproprier le regard approbateur que je cherchais chez autrui.

2e assise : les limites

Quelques semaines après le début de mon rétablissement, j'ai pratiquement retrouvé l'énergie dont je jouissais avant ma maladie. Cette sensation de pouvoir exercer de nouveau diverses activités physiques et intellectuelles de manière plus soutenue me procurait un léger sentiment d'ivresse. J'avais l'impression d'être comme une personne qui avait été privée de nourriture pendant des mois et qui se retrouvait soudainement devant un buffet à volonté. Le fait d'avoir vécu pendant si longtemps à un régime énergétique minimal me donnait une furieuse envie de reprendre le temps perdu et de m'élancer dans mille et une directions. J'ai vite compris que c'était la pire chose à faire. Il est bien connu qu'après avoir effectué un long jeûne il faut recommencer à manger de façon progressive, sinon notre organisme pourrait en être profondément perturbé. Ainsi, après une dépression, le retour à la vie normale doit se faire dans le même esprit. Cette nouvelle énergie que l'on ressent est vive, parfois puissante, mais on peut la dilapider rapidement si l'on ne procède pas de manière consciente et parcimonieuse. C'est une occasion idéale de revoir sa manière de faire des choix, de répondre aux demandes des autres et de connaître ses limites. Nos ressources personnelles, comme celles de notre planète, ne sont pas illimitées et il est important d'en tenir compte.

Comme nous avons plus d'énergie, la tentation est forte d'entreprendre plusieurs projets à la fois en faisant fi de nos capacités physiques et psychiques qui ont été en mode économique, pour ne pas dire léthargique, pendant une longue période. Comme si le printemps retrouvé nous faisait complètement oublier le long hiver que nous venons de passer. Parmi ces tentations, les plus anodines sont souvent les plus sournoises. Par exemple, cette charmante invitation – qu'on ne peut refuser ! – d'une amie qui demande qu'on l'accompagne à une petite fête ou bien ce nouveau film qui vient de prendre l'affiche et qu'il faut voir absolument sans quoi on ratera le chef-d'œuvre du siècle ! Il n'est pas toujours évident de voir ces invitations comme des sources potentielles d'épuisement, mais il faut pourtant en prendre conscience. Mettez de côté votre peur de passer pour un être asocial ou de ne pas être aussi en forme ou aussi branché que vous le souhaiteriez. Il est beaucoup plus important de tenir compte de votre énergie véritable.

Le respect des limites

Étant de nature curieuse et ayant tendance à l'éparpillement, j'étais particulièrement vulnérable à ce genre de situation. Comme je ne voulais rien manquer de tout ce qui m'était offert et que j'étais très sensible au regard et au jugement des autres, j'avais du mal à freiner mes ardeurs et à poser mes limites. La peur de décevoir, de ne pas être à la hauteur ou de sembler encore trop fragile me tenaillait et faisait en sorte que je ne respectais pas mes limites. Il est pourtant essentiel d'apprendre à les connaître si nous voulons utiliser notre énergie de manière intelligente et la préserver.

Il est très facile de dépasser ses limites, particulièrement lorsqu'on est passionné et dynamique. Notre appétit de vivre pleinement demeure, au fil des années, sensiblement le même, malgré le vieillissement. Mais si, après avoir subi une grave maladie, notamment la dépression, nous ne nous arrêtons pas pour prendre conscience de nos points de vulnérabilité et persistons à outrepasser nos capacités physiques et psychologiques, la mise en péril de notre équilibre pourrait provoquer une rechute imminente. Il est nécessaire de comprendre que nous n'avons rien à gagner, mais beaucoup à perdre en continuant de nous comporter comme si nous étions sans limites et en voulant prouver aux autres que c'est le cas. Ça n'en vaut pas le coup – pour ne pas dire le coût –, puisque les conséquences peuvent être désastreuses pour notre santé mentale.

Le milieu de travail

Lorsque je suis retournée sur le marché du travail, mon poste à temps partiel m'a permis de vérifier si j'étais en mesure de poser mes limites sur le plan professionnel. Étais-je capable de bien gérer mon énergie ? Et comment seraient mes relations avec mes collègues et mes supérieurs ? Lorsque nous avons l'habitude de donner un bon rendement et que nous avons toujours été considéré comme un employé fiable, il est difficile d'accepter le fait que nous devrons probablement changer notre façon de nous percevoir et que la perception des autres pourrait aussi être modifiée. La frontière qui sépare la sphère privée du monde professionnel est peu étanche, et notre manière d'aborder le monde est assez semblable dans les deux cas. Si nous ne savons pas mettre de limites avec nos proches, il est fort probable qu'il en sera de même avec nos collègues, surtout ceux que nous ne voulons pas décevoir ou qui ont un poste de pouvoir. Qui aime recevoir des critiques à propos de ses compétences ?

Lors du retour au travail, la plupart des gens qui nous ont connu avant notre dépression ne savent pas nécessairement à quel point la maladie a affecté tous les aspects de notre vie, ni de quelle manière. Ils observeront probablement certains changements dans notre façon d'être et d'agir, mais ils ne peuvent pas deviner combien il est nécessaire de mettre en place une nouvelle façon de fonctionner plus respectueuse de nos limites. Et la personne la mieux placée pour le faire, c'est nous-même ! Il est donc essentiel d'en informer les autres afin qu'ils puissent participer à ce changement et nous soutenir de diverses manières.

Quel que soit notre travail, nous devons exécuter une tâche dans un laps de temps déterminé. Avant la maladie, nous pouvions évaluer approximativement le temps nécessaire à l'accomplissement d'une tâche en nous fiant à notre expérience. Après la maladie, nous ne pouvons plus évaluer les choses de la même façon. Il arrive que ce qui nous demandait peu de temps et d'énergie soit maintenant beaucoup plus exigeant. La concentration et la vitesse sont, entre autres, deux aspects dont il faut tenir compte. Il faut donc « prendre le pouls » et observer notre degré de résistance. Il n'est pas facile de convaincre notre ego performant et notre entourage que le travail bien fait ne rime pas nécessairement avec la vitesse et que nous avons le droit d'imposer nos balises, surtout dans notre société qui carbure à la performance et à la vitesse avec un grand *V*. N'oublions jamais que nous ne sommes pas rémunérés pour sauver le monde ni l'entreprise qui nous emploie, même si son avenir dépend de sa cote en Bourse.

Nous devons accorder notre priorité à notre santé mentale et physique. D'ailleurs, il a été prouvé que les entreprises qui privilégient la santé de leurs employés obtiennent, à long terme, un meilleur rendement. Les coûts associés à la maladie mentale sont excessivement élevés dans notre pays. « Plus de 30 % des réclamations de congé de maladie et 70 % des coûts associés à ces réclamations sont attribuables à la maladie mentale. Chaque année, la maladie gruge quelque 51 milliards de dollars dans l'économie canadienne[1]. »

Le respect des différences

Chaque individu, malade ou non, a un rythme et des capacités qui lui sont propres. Pourtant, on essaie de faire croire aux gens qui travaillent dans un même domaine qu'ils sont tous pareils et qu'ils devraient travailler au même rythme. Mais cette belle théorie de notre société postindustrielle ne correspond pas à la réalité. Voilà pourquoi il m'apparaît justifié de mettre cette différence en évidence lors d'un retour au travail et d'en profiter pour manifester nos besoins et établir nos limites afin que les résultats soient satisfaisants pour tous.

Par conséquent, si on nous demande d'exécuter une tâche dans des délais que nous jugeons trop courts, il est de mise de faire part de nos réserves à la personne concernée. Elle commencera peut-être par manifester de l'impatience ou de la frustration à notre égard, mais elle verra probablement les choses différemment lorsque nous lui ferons comprendre que notre désir d'avoir un peu plus de temps pour bien faire les choses sera profitable pour tous. De toute manière, si nous ne respectons pas nos propres limites, les autres seront enclins à faire de même. Pour reprendre les paroles de la chanson *Ordinaire* de Robert Charlebois : « Plus on en donne, plus le monde en veut »...

Apprendre à bien connaître ses limites et à les respecter est essentiel dans le processus de reconstruction et, par le fait même, dans l'estime de soi. Ce n'est toutefois pas une notion figée ou immuable. Ces limites peuvent bouger, évoluer selon les changements qui s'opèrent dans notre vie. Il arrive que nous soyons aptes à accepter plus de contraintes, mais à d'autres moments, cela nous est impossible. Tout dépend de notre santé physique et mentale, du contexte et, bien sûr, de la façon dont se déroule notre rétablissement.

En résumé, quelle que soit l'étape où nous nous trouvons, il faudra vérifier chaque fois si les limites que nous avons établies sont toujours en syntonie avec notre état. Il est primordial de bien les connaître et de les respecter, car les autres ne nous respecteront pas si nous ne nous respectons pas nous-même.

3e assise : l'affirmation de soi

Trop souvent, nous confondons l'affirmation de soi avec le fait d'exprimer tout ce qui nous passe par la tête, et ce, au risque de blesser les autres. Pourtant, nous pouvons prendre position tout en respectant notre intégrité et celle d'autrui. Dans le cadre d'une démarche psychothérapeutique, il arrive fréquemment que nous passions de manière assez virulente par une phase d'affirmation par la négative semblable à celle des tout-petits qui découvrent le pouvoir de dire non. Il y a plusieurs années, alors que j'étais en thérapie, il m'est arrivé d'avoir envie d'envoyer promener tous ceux qui entravaient mon chemin et de régler mes comptes avec ceux qui m'avaient déjà donné du fil à retordre. J'imagine que c'était une étape nécessaire, quoique un peu extrême, pour en arriver à une certaine désaliénation par rapport à mon historique personnel. Mais ce n'est pas du tout à ce genre d'affirmation que je fais référence dans ce contexte-ci.

S'affirmer est un geste que l'on fait pour soi et non contre l'autre. C'est toute une différence, car contrairement à la situation que je viens de décrire, le but n'est pas de réagir, mais plutôt d'agir. On n'est plus celui qui subit, mais celui qui agit ! Il y a là une forme d'appropriation de son pouvoir dans un esprit positif qui ne va pas à l'encontre de qui ou de quoi que ce soit.

Dire non, c'est parfois se dire oui !

Parmi les diverses prises de conscience qui ont émaillé mon parcours après la dépression, ma difficulté à dire non – même lorsque je ressentais au plus profond de moi que c'était la bonne réponse – a été des plus marquantes. Je me suis rendu compte à quel point ma peur de décevoir l'autre était grande et combien j'avais cultivé, à mon insu, l'image d'une femme à qui l'on peut tout demander et qui ne saurait refuser. L'amie, la collègue, l'épouse, la fille idéale. Et ce désir d'être perçue ainsi par les autres m'a amenée à vivre des contradictions intérieures ingérables en me mettant dans des positions fort désagréables. Je me piégeais moi-même, mais je n'en étais pas vraiment consciente, trop préoccupée par l'image d'amabilité constante et fiable que je tenais à projeter.

J'ai donc commencé à observer de manière plus attentive ce qui se passait lorsqu'on me formulait une demande, plus particulièrement lorsqu'elle m'était faite par une personne avec qui j'avais des liens affectifs. J'étais stupéfaite de constater que je répondais, dans la plupart des cas, sans prendre le temps de réfléchir à ce que je ressentais et à ce qui m'apparaissait être le plus juste et en accord avec mes besoins. Comme un réflexe ou un automatisme bien intégré, la réponse qui sortait de ma bouche était toujours OUI ! Pas un « oui mais… », mais un beau OUI sans condition et en lettres majuscules.

Cela m'a rappelé un ouvrage qui m'avait marquée dans ma jeune vingtaine, *Ces femmes qui aiment trop,* de Robin

Norwood. L'auteure y traite d'une forme de dépendance affective et du besoin intarissable d'être aimé pouvant conduire à des circonstances néfastes pour l'estime de soi. Sur le plan amoureux, j'ai compris que j'avais déjà effectué un bon bout de chemin menant vers une relation plus saine, mais j'ai pris acte qu'il me restait encore du travail à faire dans les autres domaines de ma vie.

C'est en discutant avec un collègue dans le cadre d'un atelier sur la gestion du stress que je me suis amusée à « inventer » cette formule : « Parfois, dire non à quelqu'un, c'est se dire oui à soi-même. » Il voulait connaître mon opinion à propos d'une situation qui l'embarrassait. On lui avait fait une offre et il avait du mal à prendre une décision ferme. Le sentiment de culpabilité qui l'habitait était suffisamment présent pour l'inciter à répondre favorablement à la demande, même si son cœur basculait dans l'autre direction. Il était totalement déchiré entre les deux pôles. Je lui ai donc posé des questions pertinentes l'obligeant à considérer ses besoins et ses aspirations véritables. Il a fini par réaliser qu'il penchait en faveur d'une réponse négative, même s'il craignait les conséquences de son choix. Je lui ai alors dit spontanément que le fait de dire non à une personne était parfois une manière de se dire oui à soi-même. Son étonnement s'est vite transformé en approbation, si bien que je me suis promis d'intégrer la sagesse de cette phrase dans ma vie de tous les jours.

Les conséquences d'un non

L'exercice d'affirmation de soi a pris différentes formes pour moi, par exemple refuser d'aller chez ma belle-famille pour un repas dominical. C'était une bonne occasion de vérifier ma capacité à respecter mes choix et, surtout, de ne pas me sentir coupable. À l'époque, mes liens avec certains membres de la famille de mon mari étaient empreints d'une certaine amertume à la suite d'événements qui m'avaient blessée au cours de ma dépression. Ainsi, une part de moi ne pouvait être en accord avec l'idée de me présenter là, comme si de rien n'était, et de jouer le jeu des convenances. Il m'a fallu une bonne dose de courage pour annoncer à mon conjoint que je ne désirais pas y aller et pour lui exprimer les raisons de mon refus. Je m'attendais à ce qu'il soit en désaccord et qu'il me fasse des reproches. J'ai été très surprise lorsqu'il m'a avoué qu'il comprenait très bien ce que je ressentais et qu'il n'irait pas non plus à ce repas en guise de solidarité. Soulagée, je l'ai remercié du fond du cœur de me soutenir.

Nous nous inventons souvent toutes sortes de scénarios catastrophiques lorsque vient le temps de nous affirmer. Nous nous imaginons qu'on nous répondra par une fin de non-recevoir, ce qui arrive rarement. En supposant que la réaction de notre interlocuteur sera négative, nous dressons une barrière qui nous empêche de faire un choix éclairé. Cela s'avère également pour une chose aussi banale que de dire non à une personne que nous aimons et qui nous demande un petit service. Même si nous avons envie d'aider cet être cher, il ne nous est pas toujours possible de le faire, que ce soit pour une question de disponibilité, un manque de ressources ou toute autre contrainte.

Nous ne contrôlons pas tous les paramètres et il est nécessaire d'accepter que les meilleures intentions ne peuvent pas toujours se concrétiser, même au risque de paraître égoïste ou de ternir cette image de relation idéale à laquelle nous tenons tant. Pourtant, ces appréhensions s'avèrent inexactes dans la plupart des cas, et les conséquences ne sont pas du tout celles que nous avions prévues.

Unifié avec soi

Avez-vous déjà remarqué l'étrange sensation que nous éprouvons lorsqu'une personne affirme qu'elle est d'accord avec nous tandis que son regard et sa gestuelle disent le contraire ? Cette dissonance entre ce qu'elle dit et ce qu'elle pense suscite une confusion dans la communication. Ses paroles disent une chose, mais son corps semble dire le contraire. Quand c'est nous qui agissons ainsi, nous ressentons le même malaise, puisqu'il y a dichotomie entre le paraître et l'être. D'une part, nous taisons notre sentiment réel et, d'autre part, nous nous débattons pour l'exprimer, ce qui rend notre comportement incohérent. Cela peut donner lieu à des situations très inconfortables dans nos relations. Quand nous ne sommes pas en accord avec nous-mêmes, notre message risque d'être mal compris et de provoquer des malentendus. Si nous disons oui quand nous voulons dire non, ou l'inverse, pour ne pas déplaire ou pour éviter une confrontation, nous risquons de nous retrouver dans une position que nous pourrions regretter après coup. L'avantage d'émettre un message clair est que l'autre devra en faire tout autant à son tour. Quand notre oui ou notre non est unifié avec tout notre être, son impact est beaucoup plus puissant et le déploiement de cette force intérieure est alors ressenti autant par le messager que par son interlocuteur. L'affirmation de soi incite au respect mutuel dans toutes les sphères de notre vie.

En résumé, en affirmant nos besoins et nos sentiments véritables, nous sommes plus unifiés. La force intérieure qui en découle permet de créer des relations plus saines et intègres avec les autres. Il faut se faire à l'idée que nous ne pouvons pas plaire à tout le monde ni faire l'unanimité en tout temps.

4e assise : les priorités

Au cours des dernières décennies, l'avènement des nouvelles technologies a bouleversé notre façon de communiquer. Nos échanges se font désormais à une vitesse accélérée qui nous donne l'impression que le temps a été aboli. Ce phénomène a des retombées sur notre capacité à gérer le flux continuel d'informations qui nous submergent et auxquelles nous devons réagir. Nous avons peut-être gagné en vitesse, mais nos actions et nos échanges sont-ils de meilleure qualité pour autant ? Avons-nous le sentiment d'avoir plus de temps pour faire ce dont nous avons envie une fois toutes nos obligations remplies ? Ceux qui vivent dans des pays industrialisés ne semblent pas le croire.

Lorsque nous sommes confinés dans un espace restreint, comme je l'ai été à l'hôpital pendant des mois, notre notion du temps s'en trouve modifiée. Mon horaire était régi en grande partie par le personnel de l'établissement. J'avais un peu de temps libre, mais à vrai dire, les heures s'écoulaient plutôt lentement dans une suite monotone et répétitive d'événements plus ou moins semblables jour après jour.

De retour dans la communauté, j'ai retrouvé progressivement un style de vie similaire à celui de la plupart des gens en cumulant diverses obligations d'ordre privé et professionnel. C'est alors que j'ai senti la pression du temps faire son œuvre. Je devais répondre à toutes sortes de demandes et instaurer un ordre de priorités. Le rythme lent qui était le mien pendant l'hospitalisation cédait maintenant sa place à une cadence beaucoup plus soutenue. À tout moment, j'essayais de faire la distinction entre ce qui avait de l'importance et ce qui en avait moins. J'ai compris qu'il était facile de se sentir oppressé et étourdi par le nombre incessant de décisions à prendre dans une même journée. Comme chaque personne attendait une réponse immédiate à ses demandes, je me suis rappelé mon père, qui avait une habitude que je jugeais ridicule alors que j'étais adolescente.

Chaque jour, il faisait la liste des diverses tâches qu'il devait exécuter et prenait soin de les biffer lorsqu'elles étaient accomplies. Cela me semblait étrange à l'époque, mais aujourd'hui, cette routine m'est devenue indispensable parce qu'elle me permet de libérer de l'espace dans ma tête et de mieux déterminer mes priorités.

Le poids de l'instantanéité

À moins de vivre en ermite au sommet d'une montagne, on ne peut nier le fait que nous souffrons tous plus ou moins d'impatience chronique. Les nouvelles technologies font en sorte que nous nous attendons à une réponse immédiate de nos correspondants et de nos interlocuteurs. On communique à la vitesse de la lumière. Il n'y a pas si longtemps, la boîte vocale nous donnait la possibilité de laisser un message. Nous devions attendre que la personne l'écoute et nous rappelle. Si nous étions absent au moment de son appel, elle nous laissait un message à son tour. Ce laps de temps donnait aux interlocuteurs le temps de réfléchir à la teneur de la demande et de voir quelle était leur disponibilité. De nos jours, l'instantanéité des communications et le fait qu'on puisse nous joindre en tout temps nous privent de cette marge de manœuvre.

Par exemple, quand nous écrivons à une personne pour lui demander un renseignement, nous nous attendons à ce qu'elle nous réponde le plus vite possible… pour ne pas dire dans la minute qui suit ! Si ce n'est pas le cas, nous commençons à maugréer et à devenir irascibles en nous demandant pourquoi elle ne répond pas immédiatement. Nous sommes tous victimes de cette tyrannie. Quelle belle illusion de croire qu'il n'y a plus de temps ni d'espace entre nous ! Cela a inévitablement des conséquences sur notre comportement et nos relations. Cette impatience peut même se transformer en colère et nous amener à faire des gestes regrettables.

La névrose de l'urgence

Ce besoin qu'on nous réponde immédiatement provoque une sorte d'embouteillage dans notre cerveau, qui croit que toutes ces demandes sont urgentes, donc de même importance. Parce que le temps nous manque, nous en venons à ne plus savoir évaluer ce qui est prioritaire. À bien y penser, combien de fois dans une journée nous demande-t-on une chose véritablement urgente ? Je parle ici de situations graves mettant une vie en péril. Pourtant, nous communiquons la plupart du temps comme si c'était une question de vie ou de mort, et le moindre délai nous semble interminable.

D'ailleurs, pour reprendre les propos de Dominique Wolton, directeur de recherches émérite et fondateur de l'Institut des sciences de la communication au CNRS, en France, les gens ont maintenant l'impression que toutes les décisions en entreprise doivent être prises dans le quart d'heure, comme si elles étaient au bord du gouffre atomique[2]. Même si cela peut sembler excessif, je suis persuadée que bien des dirigeants et des cadres d'entreprise pensent ainsi. La névrose de l'urgence, un phénomène désormais généralisé, me paraît fort dangereuse pour notre santé mentale individuelle et collective. Nous n'avons plus le temps de prendre notre temps.

Le milieu du travail n'est pas la seule victime de tels ravages. Cette course contre le temps atteint les moindres recoins de notre quotidien, même avec les membres de notre famille et nos amis, bref avec tous ceux que nous fréquentons. En plus de faire les choses le plus rapidement possible, il faut aussi devenir le meilleur et le plus performant. Tout cela contribue à augmenter notre niveau d'anxiété et de stress dans un contexte déjà passablement asphyxiant.

Multitâches, multifonctions

Nous vivons, pour la plupart, dans une société où les tâches et les fonctions ne cessent de se multiplier. En plus de participer à un marathon effréné contre la montre, on doit courir dans toutes les directions. Les demandes nous parviennent de partout en même temps et nous n'avons malheureusement que vingt-quatre heures par jour pour y répondre. Nous finissons par ressembler à une poule sans tête qui se précipite en tous sens en cherchant désespérément la sortie de cette drôle de basse-cour. Cette multiplication fait en sorte que nous nous retrouvons dans un état perpétuel d'éparpillement et de surcharge, avec la désagréable sensation d'être toujours en train d'éteindre des feux. Il n'est donc pas étonnant qu'une telle situation nous conduise éventuellement à un épuisement psychique et physique. Comment pouvons-nous bien accomplir une tâche si on ne nous accorde pas ou si nous ne nous accordons pas à nous-même le temps nécessaire pour bien faire les choses ? Ceux qui sont très polyvalents parviennent-ils réellement à bien faire deux choses importantes à la fois ? Les nouvelles technologies nous donnent cette illusion en nous entraînant dans une spirale d'éparpillement et d'étourdissement : qui n'a jamais clavardé avec un ami sur Facebook tout en regardant la vidéo de la toute dernière catastrophe faisant la une dans les médias ?

L'éloge de la lenteur

Nous en sommes venus à trouver presque anormal d'entendre une personne nous raconter qu'elle a passé sa journée au parc à regarder les enfants jouer avec leur petit bateau sur l'étang ou à rêvasser en observant les oiseaux. On ne peut plus se contenter de faire une seule chose, encore moins de ne rien faire de productif. Ce triste constat nous empêche d'avoir une qualité de présence à soi, aux autres et à notre environnement. Des poètes, écrivains, philosophes et autres penseurs nous convient, depuis quelques années, à une certaine éloge de la lenteur. On parle de concepts tels que *slow food* ou *slow way of life,* et ce n'est certainement pas par hasard si cette tendance semble s'accentuer un peu partout sur la planète. Notre course effrénée contre la montre nous a conduits à un point de saturation : la coupe déborde et notre capacité à encaisser le choc de la vitesse a atteint ses limites. On doit prendre acte d'une vérité : l'être humain n'est pas une machine. Et même les machines peuvent se détraquer et arrêter de fonctionner si nous les surutilisons…

Il est impossible de retourner en arrière et de vivre comme si nous étions encore au XVIIIe siècle. Toutefois, j'ai la certitude que le désir d'aller toujours plus vite ne nous permettra pas de nous sentir plus vivant et heureux, bien au contraire. Cette sensation peut être enivrante, j'en conviens, mais le prix à payer peut être très élevé quand nos réserves d'énergie sont épuisées. Les conséquences : l'épuisement professionnel et la dépression.

Il n'est pas évident d'aller à contre-courant et de renverser la vapeur, mais nous avons du moins le pouvoir de faire de petits gestes au quotidien. Par exemple, faire comprendre à une personne qui nous somme de répondre à une question sur-le-champ que nous devons d'abord prendre le temps de réfléchir quelques minutes. Il est nécessaire de prendre conscience de ce réflexe automatique avant de l'interrompre. Cet exercice est très utile aux parents devant composer avec l'impatience des enfants qui exigent que l'on réponde immédiatement à tous leurs caprices. Cette forme d'égocentrisme n'est pas exclusive aux enfants. Les adolescents et les adultes y ont aussi recours. Nous voulons tous que nos désirs soient assouvis dès qu'ils surgissent. Il faut donc appuyer sur la touche « pause » afin de mettre un terme à cette précipitation qui nous enlise peu à peu dans l'abîme.

Avec le temps, j'ai appris à jauger l'urgence réelle d'une situation d'ordre privé ou professionnel. J'ai constaté que, dans la plupart des cas, ce qui devait être fait immédiatement pouvait attendre et que, si je le faisais un peu plus tard que prévu, il n'y aurait pas de conséquence grave. Cela pourrait même faire en sorte que mon travail soit mieux accompli ou que ma décision soit mieux éclairée. En allant toujours plus vite, nous multiplions les risques d'erreur. J'ai été étonnée, dans les premiers temps, de constater que l'application de cette méthode m'avait délestée d'un grand fardeau. Mon niveau de stress était nettement moins élevé et mes pensées étaient plus limpides.

Au bout du compte, mettre les choses en perspective et en relativiser l'urgence crée un espace intérieur où nous pouvons mieux évaluer nos priorités et y mettre de l'ordre. En centrant notre esprit sur une seule tâche, nous évitons de nous disperser et d'épuiser notre énergie si précieuse. À force de mettre cette manière de penser en pratique, nous prenons conscience que le temps est une variable sur laquelle nous avons une certaine emprise. J'ai expérimenté le fait que plus nous sommes présent et unifié au moment d'agir, plus le temps qui semblait nous manquer semble s'étirer. L'auteur tibétain Dzigar Kongtrul Rinpoché, descendant d'une lignée illustre de lamas bouddhistes, dit que « chaque fois que nous sommes dans notre bulle d'agitation, de distraction et d'égocentrisme, nous sommes coupés de notre vie. Ce hiatus est alimenté par les espoirs, les peurs et les fantasmes qui nous empêchent de faire une expérience directe de la réalité[3] ».

En résumé, mettre de l'ordre dans nos priorités et faire une seule chose à la fois nous permettent de mieux utiliser notre énergie dans le moment présent tout en évitant de nous éparpiller inutilement et de nous perdre.

5e assise : le perfectionnisme

Notre rêve de perfection ne date pas d'hier. Depuis la nuit des temps, cette recherche semble inhérente à la condition humaine, que ce soit par la réalisation d'œuvres d'art ou par le dépassement de soi dans divers domaines. Nous ressentons tous le besoin d'être meilleurs, nous aspirons tous à faire l'expérience du plus grand et du plus beau. Cette quête n'est pas mauvaise en soi, mais elle peut devenir nocive si elle se transforme en obsession. Une multitude d'idées et d'images véhiculées dans les magazines nous exhortent à devenir des amants parfaits, des parents parfaits, des amis parfaits, des employés parfaits, sans oublier que notre corps doit lui aussi être parfait. Ces modèles qu'on nous impose font en sorte que plusieurs personnes ont le sentiment de ne jamais être à la hauteur. Elles se mettent une immense pression sur les épaules dans l'espoir d'y arriver un jour.

Jamais assez

À l'adolescence, j'ai commencé à ressentir cette pression de la perfection. À cet âge, on se projette dans un idéal de vie et on connaît ses premières expériences amoureuses significatives. Tous les rêves semblent permis, et l'avenir nous appartient. Mais c'est aussi l'âge où notre identité se définit, notamment sur le plan sexuel. Nous découvrons quelle place nous aimerions occuper dans la société. Déjà, à cette époque, j'avais l'impression de n'être « jamais assez » par rapport à l'idéal que je m'étais fixé. Je visais à atteindre cet idéal sans connaître l'échec. Je rêvais d'un parcours parfait, en ligne droite, sans fautes. Mais la vie s'est vite chargée de me prouver que c'était là une belle utopie. Le désir d'accéder à mon absolu, tel Icare volant trop près du soleil, était irréaliste et téméraire.

C'est à la suite de ma première dépression, dans la jeune vingtaine, que j'ai commencé à percevoir l'impact de cette exigence de perfection et de ma vulnérabilité par rapport à la critique. Après avoir terminé mes études universitaires pour calmer les inquiétudes de mes parents quant à mon avenir professionnel, j'ai pris la ferme décision de réaliser enfin mon rêve de devenir comédienne en me présentant à l'école de théâtre qui me semblait la plus convoitée. Je ne voulais même pas approcher d'autres établissements, et mes amis trouvaient mon attitude plutôt risquée. Au départ, la chance semblait être de mon côté, puisqu'on avait retenu ma candidature pour un stage préalable à l'admission. Convaincue que le destin me tendait les bras, j'étais certaine de réussir du premier coup. Mais il en a été autrement et je n'ai pas été acceptée. J'ai eu une immense déception au moment de lire les noms inscrits sur la liste de ceux qui avaient été refusés. Mon idéal venait d'éclater en mille morceaux et j'étais totalement défaite moralement. J'en suis venue à me convaincre que mes parents avaient peut-être raison et que, de toute manière, je n'avais pas ce qu'il fallait pour faire ce métier. Je n'étais pas assez talentueuse, voilà tout ! Bref, le scénario parfait que j'avais imaginé dans ma tête venait d'être pulvérisé par la réalité.

Heureusement, des anges gardiens mis sur ma route m'ont amenée à analyser la situation autrement et à comprendre que cet échec n'était peut-être pas la fin de mon rêve et qu'il faut parfois essayer une deuxième fois avant que les choses fonctionnent. Pour ce faire, je devais toutefois accepter de connaître les points sur lesquels je devais travailler plus particulièrement afin d'obtenir les meilleures chances de succès. Ce qui fut le cas, à ma grande joie, lors de la deuxième tentative. Si on m'avait refusée de nouveau, je me demande si je m'en serais remise.

L'imperfectibilité humaine

Cela demande du recul et une bonne dose d'humilité de regarder la réalité telle qu'elle est, sans la transformer. Avec le temps, j'ai graduellement acquis cette capacité, mais cet apprentissage n'est jamais tout à fait terminé. Mon père me répétait souvent que l'expérience est la somme de nos erreurs. La vie est une suite d'événements sur lesquels nous détenons bien peu de contrôle, et notre seule manière de composer avec eux est d'accepter un certain lâcher-prise. Comme le dit l'adage, « il faut faire avec ». L'envie d'entreprendre des projets et de les amener à un stade de réalisation frôlant la perfection est très louable, mais entre la théorie et la pratique, il y a autant de différence qu'entre le rêve et la réalité. Le rêve est essentiel pour lancer une idée, un projet, mais pour le concrétiser, il y a des contraintes souvent incontournables et des étapes à franchir.

Toute personne a besoin de se projeter dans des idéaux. Le désir d'améliorer son sort est profondément humain. Ce qui l'est moins, à mon avis, c'est la croyance en une perfection humaine. Nous sommes des créatures complexes, parfois compliquées, capables du meilleur et du pire, mais nous avons nos défauts, nos peurs, nos limites et, bien sûr, nos rêves. Nous avons le droit de vouloir nous approcher de la perfection, mais même les plus grands sages ne prétendent pas être parfaits, pas plus que les grands savants ne pensent détenir toute la vérité.

Plusieurs années après ma grande dépression, j'ai eu l'occasion de vérifier où j'en étais rendue dans ma capacité à accepter la critique et à admettre que certaines choses n'étaient pas aussi parfaites que je l'aurais souhaité. Cela s'est produit à l'occasion du lancement de mon premier album de chansons. Je caressais ce rêve depuis très longtemps, et la conjoncture me permettait de le concrétiser. Contrairement à ce que j'avais vécu pour le concours d'admission à l'école de théâtre et pour la réalisation de mon film, je ne m'étais mis aucune pression et mes attentes étaient plutôt modestes. Mon but premier était de me faire plaisir et de renouer avec un mode d'expression artistique qui me passionne. J'étais consciente que l'album ne pourrait pas plaire à tout le monde et que je me plaçais en position de vulnérabilité par rapport aux critiques de mon entourage et des gens du métier. À mon grand étonnement, les choses se sont passées dans le plus grand bonheur, autant pendant l'enregistrement que lors du lancement-concert.

Il faut dire que je m'étais surtout concentrée sur le plaisir de chanter et celui de collaborer avec des musiciens talentueux au lieu de m'inquiéter en imaginant la réaction du public. Cette attitude m'a permis d'éprouver un détachement tout nouveau pour moi. Je n'ai pas eu besoin de construire des scénarios imaginaires catastrophiques ou euphorisants. À vrai dire, cette aventure m'a amenée beaucoup plus loin que je ne l'aurais cru au départ et m'a permis d'apprendre que le succès et l'échec sont des notions très relatives. Même un triomphe ne peut pas nous garantir un sentiment de bien-être !

Aussi, lorsque j'ai dû assumer certaines responsabilités dans le cadre d'un mandat professionnel en communication, et que la réussite de l'événement n'a pas été aussi grande que prévu, cela m'a obligée à me poser les bonnes questions. J'ai dû analyser les causes de ce semi-échec et tenter de regarder en toute objectivité ce qui s'était réellement passé. En me demandant si j'avais fait de mon mieux dans les circonstances, j'ai pu en quelque sorte dédramatiser les choses et ne pas mettre sur mes épaules tout le poids de l'insuccès.

Accepter le fait qu'il n'y a rien de parfait dans la vie, à commencer par soi-même, facilite beaucoup les choses et nous libère d'une exigence inhumaine. Notre énergie retrouvée nous donne le courage de continuer et de nous donner une deuxième chance.

En résumé, accepter notre imperfection et notre humanité nous donne le droit à l'erreur et nous permet d'avancer dans la vie avec plus de légèreté.

6e assise : la comparaison

L'être humain a toujours aimé se comparer aux autres. Comme l'écrit si bien Dzigar Kongtrul Rinpoché dans son livre : « Vouloir posséder ce que l'on n'a pas et vouloir être ce que l'on n'est pas est un trait fondamental de la condition humaine[4]. » Ce phénomène est inhérent à toutes les classes sociales. On trouve toujours mieux ou pire que soi. C'est souvent une manière de se rassurer, dans le cas du pire, ou d'envier l'autre, lorsqu'il semble mieux que nous. Le mot « semble » est approprié, puisqu'il s'agit d'une question de perspective.

Rien n'est plus subjectif que de prétendre qu'une personne a plus de valeur qu'une autre, qu'il s'agisse de son statut social, de ses réalisations ou de son apparence physique. On sait que les critères de beauté sont souvent établis par la mode du jour et que tout est une question de point de vue. Mais chose certaine, lorsqu'on est dans un état dépressif, le fait de se comparer se fait souvent au détriment de l'estime de soi. Comme celle-ci est très faible, pour ne pas dire inexistante, l'objet de comparaison semble toujours avoir plus de valeur que nous-même, ce qui vient inévitablement enfoncer le clou.

Le cercle vicieux

Ma tendance à me comparer aux autres a empiré au cours de la phase précédant ma descente aux enfers. Tout ce que j'avais pu accomplir par le passé, toutes les qualités qu'on me reconnaissait, tout cela me semblait n'avoir aucune valeur à mes yeux. La lorgnette par laquelle je regardais les choses était totalement obstruée par un filtre défavorable. Mon esprit recherchait constamment ce qui pouvait confirmer cette perception, et ce cercle vicieux nourrissait la vision négative que j'avais de moi-même.

Je ne voyais autour de moi que des gens qui avaient réussi professionnellement, des femmes plus belles, plus intelligentes, plus attirantes. Je m'entêtais à me convaincre que j'avais raté ma vie, que je ne pourrais jamais atteindre ce à quoi j'aspirais. Mon estime de soi était si pauvre que je me voyais comme une terre déserte et infertile entourée de paysages verdoyants. D'ailleurs, comme je n'arrivais pas à devenir enceinte, cette image d'infertilité altérait d'autant plus l'image que j'avais de moi-même. Toutes mes sœurs ayant vécu la maternité plus d'une fois, je me percevais comme une femme incomplète, celle qui avait un « défaut de fabrication » dans la famille.

Le piège de l'éternelle comparaison peut être destructeur, et j'ai mis du temps à m'en sortir. Je dois avouer que la tentation de m'y laisser prendre n'est jamais bien loin, comme une vieille paire de chaussettes dont on n'arrive plus à se défaire tellement nos pieds y sont à l'aise. Pourtant, j'en connais tous les effets ravageurs, notamment celui de se laisser dériver dans une sorte d'autoflagellation psychologique. Vient un moment où l'on n'a même plus besoin de se comparer à autrui, puisqu'on a internalisé le phénomène. Plus on a la certitude que l'autre sera toujours mieux que soi, moins on se donne la peine d'en rechercher la preuve à l'extérieur de soi. On finit par abandonner la lutte et baisser les bras, exténué.

Trouver sa nature et sa place

Lorsque j'ai réintégré le monde du travail de manière plus assidue après la maladie, je me suis demandé quelle direction je voulais donner à ma vie professionnelle. À la fois communicatrice et artiste, je me sentais souvent assise entre deux chaises. Lorsque je me retrouvais dans un milieu touchant aux communications, je ne faisais à peu près jamais mention de ma carrière artistique, et vice-versa. D'un côté comme de l'autre, je me sentais plus ou moins comme un imposteur. Même dans ce contexte, je passais mon temps à me comparer à ceux que j'estimais être de « vrais » artistes et de « vrais » communicateurs.

Évidemment, en idéalisant les autres, je renonçais systématiquement à ma propre valeur. Dans mon for intérieur, j'étais certaine que cette double vie était la manifestation flagrante d'un manque de talent et de compétence. Cette logique pernicieuse m'incitait à penser que, si j'avais été suffisamment talentueuse et compétente, j'aurais pu exercer une seule de ces professions. C'est après bien des détours et des doutes que je me suis donné le plein droit d'avoir les aptitudes pour embrasser deux carrières et que j'ai fini par l'affirmer aux autres. Le moment déclencheur a eu lieu lorsque j'ai pris conscience que mon profond besoin de communication était le point commun entre ces deux métiers qui, jusque-là, me semblaient opposés.

Depuis ma tendre enfance, le besoin de m'exprimer par la parole occupe une place prépondérante dans ma vie. J'ai toujours été passionnée par l'expression orale et par le plaisir de divertir mes camarades de classe. D'ailleurs, la voix suscite un tel intérêt chez moi que j'y ai consacré une série documentaire radiophonique que j'ai conçue et animée dans les années 1990. J'ai soudainement compris que le chemin que j'avais emprunté n'était peut-être pas très conforme, mais il était bien réel et revêtait autant de valeur que celui des autres. J'ai vu mon parcours sous un nouvel angle et découvert que j'avais perdu beaucoup de temps à comparer mon chemin à celui de ceux qui m'entourent. Une fois encore, j'étais prise au piège de la dévalorisation, car je ne correspondais pas aux modèles traditionnels ni à la vision idéaliste que j'en avais. Je ne pourrais donc jamais être digne d'être une véritable artiste ou communicatrice.

Ce raisonnement, qui semble probablement étrange à certaines personnes, a pourtant été le mien pendant la plus grande partie de ma vie. Ce n'est qu'il y a quelques années, alors que j'offrais des ateliers sur l'estime de soi, que j'ai trouvé une métaphore qui a semblé aider les participantes à comprendre l'inutilité de se comparer aux autres. Je leur ai demandé si ça leur arrivait, en marchant dans un parc ou dans la forêt, de comparer les arbres entre eux et de penser, par exemple, que le saule pleureur était beaucoup plus « arbre » que le sapin baumier. C'est une question absurde, mais c'est pourtant ce que nous faisons lorsque nous comparons l'aspect physique, le métier ou tout autre aspect de deux personnes. Je leur ai ensuite demandé d'imaginer que ces arbres pouvaient parler. « Croyez-vous que le sapin avouerait qu'il rêve de devenir un saule pour être enfin un "vrai arbre" » ? Les réactions de fou rire et d'étonnement qui ont suivi ont vite répondu à ma question.

Après leur avoir raconté cette histoire, je les ai invitées à réfléchir à leur nature véritable, qui n'est pas nécessairement celle qui nous est dictée par la société. Chaque arbre possède des caractéristiques et des propriétés particulières. Chacun a une fonction spécifique essentielle à l'équilibre et à l'harmonie des écosystèmes, une forme de complémentarité naturelle. Et il en est de même, selon moi, de chaque être humain.

Se comparer à soi

Dans notre société, l'esprit de compétition est malheureusement valorisé dans toutes les sphères, même les plus intimes. Je peux comprendre, même si j'ai certaines réserves, celui qui prévaut dans le domaine sportif, puisqu'il doit évidemment y avoir une équipe gagnante. Mais lorsque la rivalité devient le moteur de toutes les relations humaines, nous sommes tous perdants. Pendant que nous perdons notre temps à nous comparer à l'autre et à vouloir le dépasser pour prouver que nous sommes le meilleur, ou au contraire à tout mettre en place pour développer un sentiment d'infériorité, nous ne nous attardons pas à nos points de force. Toute personne est dotée de talents et de ressources qui sont parfois à l'état inconscient ou en voie de développement. L'énergie que nous dépensons pour nous comparer aux autres devrait plutôt être employée pour faire émerger nos richesses intérieures. De plus, il est nécessaire d'accorder aussi notre attention à ce qui nous rend plus vulnérables à certaines situations et de voir de quelle façon nous pouvons fortifier nos défaillances et nos fragilités psychiques. Ce travail d'observation et de valorisation nous apporte une connaissance de soi essentielle pour évoluer en accord avec notre nature.

Plus nous devenons conscients de qui nous sommes sans chercher à être quelqu'un d'autre, plus il nous est facile de mettre en valeur notre nature profonde en sachant qu'elle n'est ni meilleure ni pire que celle des autres. Il n'y a qu'une seule comparaison à faire : avec soi-même. Chaque individu possède un parcours de vie différent, son propre rythme, ses besoins, son histoire. Au lieu de nous comparer les uns aux autres, évaluons plutôt la distance que nous avons parcourue pour arriver là où nous sommes et gardons toujours le cap vers un mieux-être.

En résumé, connaître et accepter notre nature véritable et cesser de nous comparer aux autres sont le gage d'une plus grande harmonie avec soi-même et avec l'environnement.

7e assise : la confiance

Le sentiment de confiance n'est pas inné et il est rarement illimité. Nous l'acquérons au cours de nos différentes expériences de vie, d'abord au sein de la famille pendant notre enfance, puis dans nos relations avec les autres en société. Elle se construit parfois sur des bases chancelantes si nous n'avons pas reçu au départ le soutien nécessaire pour les solidifier. Pour ceux qui ont évolué dans un environnement affectif et social plus propice, les assises seront plus stables.

On peut évoquer toutes sortes de raisons pour expliquer le fait qu'une personne n'a pas confiance en elle ou aux autres et mettre la faute sur ses parents ou un proche qui aura eu une influence sur son éducation. J'ai souvent démasqué des personnes qui, sous des apparences trompeuses, n'avaient pas cette confiance qu'elles voulaient bien laisser paraître. Il peut s'agir d'une manière de se protéger pour pallier une déficience plus profonde. Ce n'est pas parce qu'une personne démontre un caractère fonceur et entreprenant que sa confiance en soi est nécessairement plus grande.

Un verre à moitié plein ou à moitié vide ?

La tendance à se comparer aux autres découle très souvent du manque de confiance en soi. Inquiets de ne pas avoir ce qu'il faut pour être acceptés ou pour réussir, nous accordons plus de place à ce qui nous manque qu'à ce que nous possédons. C'est le principe du verre à moitié plein ou à moitié vide. Cette difficulté à nous attribuer le mérite de ce que nous avons accompli, à privilégier nos réussites plutôt que nos échecs, nous amène à nous percevoir de manière négative.

Le jour où j'ai dû mettre mon curriculum vitae à jour après une longue absence involontaire du monde du travail, j'ai presque vécu un choc. Comme je ne l'avais pas relu depuis longtemps, j'avais l'impression de lire le parcours professionnel d'une autre personne. J'étais ébahie de voir tout ce que j'avais réalisé jusque-là. Je me redécouvrais des talents que j'avais presque oubliés. Cette situation m'a donné l'occasion de changer mon regard sur mon passé et de prendre conscience de mon attitude lorsque vient le temps de me faire valoir. Au lieu de mettre en évidence mes nombreuses réalisations, j'avais tendance à relever mes inaptitudes et mes manques. Comment pouvais-je espérer obtenir le poste convoité ?

Se reconnaître

J'ai insisté précédemment sur l'importance de la connaissance de soi dans la reconstruction qui suit une dépression. La reconnaissance de soi en est le corollaire. Une fois que nous avons déterminé notre nature et mis le doigt sur nos forces et nos vulnérabilités, il est essentiel d'en prendre acte, sans attendre une quelconque approbation extérieure. Cette étape permet de nous approprier notre autonomie, c'est-à-dire la valeur que nous nous accordons à nous-mêmes. Si l'exercice d'identification et de connaissance de soi a été effectué avec honnêteté et objectivité, celui de la reconnaissance devrait être plus facile. Il est vrai que nous ne pouvons pas changer le passé, mais nous pouvons toutefois modifier notre regard sur ce que nous avons vécu et agir sur notre présent. C'est un peu comme revisiter son histoire, en faire une relecture en s'appliquant à mettre les bons côtés en relief et en extirpant le meilleur au lieu de s'épancher sur le pire. Voilà ce que j'ai essayé de mettre à exécution dès que j'en ai eu l'occasion.

Quand j'ai eu à faire face à des défis professionnels et personnels, ma confiance a été mise à rude épreuve. Mon premier réflexe a été de faire un pas en arrière et d'hésiter à sauter. J'étais comme une petite fille qui a peur de tomber sans que personne vienne à sa rescousse. Comme si je n'étais pas encore assez grande pour marcher toute seule, sans avoir besoin qu'on me tienne la main. Pire encore, cela dénotait ma crainte de ne pas pouvoir me relever seule. En observant cette scène, j'ai décidé de parler à la petite fille en moi et de lui dire qu'elle avait maintenant tout ce qu'il fallait pour le faire. Ce dialogue intérieur s'est déroulé à plusieurs reprises au cours de cette lente réappropriation de mon pouvoir d'autonomie et de confiance en soi.

La peur et l'insécurité

La confiance est un sentiment intimement lié à la peur. Si nous laissons la peur nous envahir, elle peut ébranler notre confiance, qui finira par s'écrouler tel un château de cartes. Les peurs peuvent être provoquées par des expériences antérieures ou provenir de scénarios imaginaires. Et Dieu sait combien il est facile pour le mental d'une personne en dépression de se perdre dans des projections de scénarios catastrophe qui se répètent en boucle dans sa tête. Voilà pourquoi il faut, lors de la reconstruction de notre confiance, démasquer ce manège psychologique qui nous emporte dans une spirale sans fin. Cela demande une observation très fine de nos comportements et de notre manière de penser. Il s'agit d'un entraînement quotidien semblable à celui du pianiste qui répète inlassablement ses gammes jusqu'à ce qu'il maîtrise son jeu sans effort apparent.

Les premiers temps où j'ai eu à faire cet exercice dans le but de faire face à une situation qui déclenchait mes peurs, j'ai vu l'ampleur du travail qu'il restait à faire. Pour la première fois, je voyais clairement les ficelles des épouvantails manipulés à mon insu par ma psyché. Petit à petit, j'ai appris à reconnaître les mécanismes déployés par mon mental pour m'effrayer et saper ma confiance. J'ai aussi appris à les désamorcer, entre autres grâce à la méditation, qui m'a été d'un grand secours. J'ai trouvé un espace intérieur plus serein afin de pouvoir poser un regard plus objectif sur la nature véritable des événements. J'ai appris à relativiser ce qui semble dramatique ou négatif en enlevant les nombreuses couches de perception qui recouvrent les choses, biaisent notre interprétation et nous empêchent de les voir telles qu'elles sont.

Les peurs qui nous habitent viennent nourrir le sentiment d'insécurité sous-jacent. Comme le dit si bien Dzigar Kongtrul Rinpoché : « Depuis l'enfance, nous sommes tyrannisés par un état d'esprit que rien n'a réussi à changer. Nous recherchons toujours la sécurité et la protection à l'extérieur de nous-mêmes[5]. » Et si cette confiance en moi, que je recherchais désespérément chez l'autre quand j'étais enfant, ne m'était plus d'aucune utilité aujourd'hui ?

Plus nous vieillissons et plus nous nous rendons compte que rien ni personne n'est éternel, que tout est en perpétuel mouvement et que nos certitudes d'hier peuvent faire place à des doutes. Au bout du compte, la seule personne qui nous accompagnera tout au long de notre vie, c'est nous-même, une évidence que nous avons pourtant tendance à oublier. De manière inconsciente, la quête inassouvie de sécurité et de confiance en soi auprès des parents peut se transposer dans toutes nos relations. C'est encore une fois remettre entre les mains d'une autre personne un grand pouvoir, c'est-à-dire celui de nous permettre d'avancer, malgré la peur et l'incertitude.

La confiance en la vie

Il n'est pas toujours facile de se faire confiance, pas plus qu'il n'est facile d'avoir confiance en la vie. Nous recevons énormément de messages de toutes parts prétendant qu'il faut et qu'il est possible de garder le contrôle total dans tous les domaines et en tout temps. Le jour où nos plans ne fonctionnent pas, par exemple lorsque notre conjoint nous quitte, nous tombons de haut. L'imprévu et l'impermanence des choses font partie inhérente de la vie. Si nous n'acceptons pas cette réalité, nous aurons du mal à nous laisser aller et à lâcher prise devant les événements qui nous échappent. La seule chose que nous puissions maîtriser, c'est notre attitude et notre manière de réagir. C'est une leçon que j'ai apprise lors de ma démarche en psychothérapie et que j'ai dû réapprendre à la suite de ma dépression.

Je mentirais si je disais que j'ai acquis ma confiance en la vie sans perdre pied plus d'une fois. J'ai connu la déception et même la trahison. J'ai eu ma part de malchances et de moments de découragement. Toutefois, j'ai constaté avec le temps que plus je m'abandonnais à ce qui m'arrivait en acceptant que les choses ne soient pas exactement telles que je l'aurais souhaité, moins je souffrais et moins je m'apitoyais sur mon sort. De plus, il m'est arrivé très souvent, quelque temps après avoir vécu une situation que je considérais comme allant à l'encontre de ce que je désirais, de constater que cela m'avait permis de vivre autre chose qui était finalement beaucoup mieux.

Pour donner un exemple concret, j'avais décidé d'utiliser mes économies pour entreprendre des études en cinéma parce que j'avais l'impression de ne pas avoir suffisamment de connaissances techniques pour continuer à faire ce métier sérieusement. J'étais toujours aux prises avec le sentiment « de ne pas être assez ». J'avais trouvé des appuis de qualité de la part de professionnels du milieu. Mon dossier me semblait impeccable et j'avais passé une entrevue somme toute fort agréable. Bref, j'étais certaine que je serais acceptée. Mais quelle ne fut pas ma surprise, ou plutôt ma grande déception, lorsque j'ai reçu une réponse négative. Après que j'eus accusé le coup et laissé passer les nuages noirs au-dessus de ma tête, une petite voix intérieure m'a invitée à faire confiance et à poursuivre mon chemin. Quelques semaines après cet épisode malencontreux, j'ai croisé par hasard un vieil ami musicien avec qui j'ai pu réaliser, grâce à mes économies, mon rêve de produire mon premier album solo.

Ce fut le début d'une belle aventure qui dure toujours. Ainsi, chaque fois que je me retrouve dans ce genre de situation, j'essaie de me souvenir que la vie nous réserve des surprises souvent plus belles que ce que nous avions envisagé. J'essaie, tel un jardinier qui prend soin des plantes qu'il a semées en les arrosant et en leur procurant la lumière nécessaire, de faire de même avec mes rêves et mes projets. Je fais confiance à la vie, qui saura les amener à floraison le moment venu.

En résumé, nous pouvons développer notre confiance en soi malgré nos peurs et notre insécurité. Pour ce faire, nous devons l'ancrer dans la réalité en portant notre attention sur nos ressources intérieures et nos aptitudes. Quant à notre confiance en la vie, elle progresse lorsque nous lâchons prise et acceptons qu'il est impossible et futile de croire que nous pouvons tout contrôler.

8e assise : le stress

J'ai abordé précédemment l'aspect plus scientifique du phénomène du stress et expliqué ses effets neuropsychologiques sur notre cerveau, notre comportement et nos émotions. Nous vivons dans un monde où les sources de stress sont innombrables et de plus en plus envahissantes. Même les vacances, qui servaient jadis à prendre une pause réelle de notre quotidien et de notre travail, ne sont plus vécues de la même manière. Il est difficile de résister à la tentation de vérifier nos courriels ou de rester branchés sur l'actualité par le moyen d'Internet. Nous sommes devenus accros au bulletin de mauvaises nouvelles, qui traite le plus souvent de sujets déprimants : guerres, conflits, catastrophes naturelles, meurtres sordides, etc. Rien de bien réjouissant pour nous aider à nous relaxer.

Tout va de plus en plus vite dans toutes les sphères de notre vie, et nous sommes soumis à une pression continue dans tous nos types de relations. Les exigences de performance et de compétitivité, sur les plans personnel et professionnel, font en sorte que nous n'avons plus le droit de ralentir la cadence et de souffler un peu. Sans compter nos propres exigences de perfection qui rajoutent un poids sur nos épaules. J'oserais dire que le XXIe siècle est celui où l'être humain connaît un niveau de stress jamais égalé jusque-là. Nous ne pouvons évidemment pas interroger ceux qui ont vécu avant nous, et il est irréfutable que chaque époque a connu son lot d'événements stressants, mais depuis la fin de la Seconde Guerre mondiale, on observe un accroissement généralisé du niveau de stress dans la société occidentale. Et il en va sûrement ainsi pour une partie de la société orientale. Selon un rapport récent de l'OMS, de 75 à 90 % des consultations faites auprès des médecins généralistes en Amérique du Nord concernent des conditions ou des symptômes liés au stress.

Renverser la vapeur

Il n'est pas si simple de freiner cette locomotive folle qui tire le train dans lequel nous sommes tous passagers. Oser aller à contre-courant exige du courage. Toutefois, si nous nous laissons entraîner sans rien faire et sans exprimer nos réticences, nous foncerons sans aucun doute dans un mur de béton. Même s'il est impossible d'arrêter cette folle machine par nous-mêmes, nous pouvons nous retirer pour prendre un peu de recul et, qui sait, décrocher notre voiture de cette locomotive emballée. Mais pour renverser la vapeur, il faut trouver les bons outils et les moyens efficaces.

La première année qui a suivi ma sortie de l'hôpital, je vivais encore, d'une certaine manière, en marge de la société. Je n'étais pas prise par le train-train quotidien du métro-boulot-dodo et je pouvais profiter d'un plus grand nombre de plages horaires libres que la plupart des gens autour de moi. Ce n'est qu'un peu plus tard que j'ai senti que je montais à mon tour à bord du train fou. En réintégrant le marché du travail et en reprenant mes nombreuses activités, je renouais avec des habitudes et des façons qui ne m'étaient pas inconnues. Comme le dit le vieil adage : « Chassez le naturel et il revient au galop ! »

Ainsi, plus je menais une vie dite normale, plus je sentais que quelque chose clochait et que je n'allais pas dans le bon sens. Au lieu de prendre le temps de contempler un beau coucher de soleil, je rejoignais docilement les rangs des petits soldats bien enrégimentés dans le but d'être efficace et de ne pas dévier du chemin indiqué. Petit à petit, je prenais conscience que, pour éviter de me perdre, il était moins compliqué de faire comme tout le monde et de suivre la route indiquée. Mais c'est pourtant le contraire qui se produisait. Plus je suivais la cadence imposée par cette frénésie ambiante, plus j'avais le sentiment de perdre quelque chose d'essentiel : ma paix intérieure et mon espace de liberté. J'ai alors compris que je devais trouver le moyen de revenir à mon état antérieur, sinon je me retrouverais tôt ou tard à bord du train d'enfer et je savais très bien que les conséquences seraient désastreuses pour ma santé mentale.

C'est ainsi que j'ai commencé à pratiquer la méditation et le yoga. Ces approches m'ont notamment appris à me recentrer et à me donner l'espace intérieur nécessaire pour observer et voir avec plus d'acuité les mécanismes dans lesquels j'étais sur le point de m'empêtrer. Plus le temps avançait, plus j'étais fascinée de voir combien il faut être vigilant pour ne pas tomber dans le piège.

L'attitude vis-à-vis du stress

Nous savons qu'il est pratiquement impossible de nous couper de toutes les sources de stress, à moins de nous réfugier dans un ermitage au sommet de l'Himalaya. Et là encore, nous serions peut-être éprouvés par un tremblement de terre, une avalanche ou un autre désastre naturel. Donc, si nous ne pouvons pas avoir le contrôle sur l'extérieur, nous pouvons toutefois intervenir à l'intérieur de soi en changeant notre attitude. Le simple fait de prendre une respiration profonde est une technique très efficace. Lorsque nous faisons face à une situation stressante, la réaction spontanée de notre corps est de se contracter et d'écourter notre respiration. Ce réflexe de défense nous nuit à moyen et à long terme si nous voulons prendre des décisions éclairées, en plus de nous faire souffrir. L'impulsivité n'est pas la meilleure conseillère, surtout si elle est jumelée à une dose d'agressivité, car le stress abaisse notre seuil de tolérance par rapport aux événements inopportuns et imprévus.

Il est de plus en plus fréquent d'assister à des scènes de rage au volant. Nous en avons tous été témoins, et il nous arrive parfois d'en être les protagonistes. Pour une raison aussi bête que se faire doubler par une autre voiture, notre comportement peut changer brusquement tandis que l'animal sauvage qui sommeillait en nous se réveille. Notre esprit devient irrationnel, comme si nous devions lutter pour notre survie.

Il suffit pourtant de prendre quelques respirations profondes chaque fois que nous sommes dans un état d'impatience et de stress. Immanquablement, nous commençons à lâcher prise en constatant que la situation n'est pas si grave. Une fois la tension relâchée, nous pouvons écouter de la musique pour maintenir notre état. Cet exemple banal est l'une des nombreuses situations pouvant augmenter plus ou moins notre stress. Comme dans toute démarche de transformation, la première étape consiste à prendre conscience des effets du stress sur notre système nerveux, notre comportement et nos émotions. Nous pouvons ensuite mettre en application des trucs simples, comme la respiration profonde, et observer leurs effets bénéfiques sur notre façon de voir les choses et notre façon de réagir.

En résumé, le stress joue un rôle majeur dans le déclenchement d'émotions telles que la peur, l'insécurité et l'anxiété. Il peut même affecter l'estime de soi et modifier notre jugement. Le stress peut parfois conduire à la dépression. Nous ne pouvons pas contrôler les événements, mais nous pouvons toutefois changer notre manière de leur faire face.

11

Les outils complémentaires à la solidification des fondations

LE TOURBILLON INCESSANT de la vie occidentale ne nous encourage guère à prendre quelques minutes pour nous reposer ou nous retirer dans le but de retrouver notre centre d'équilibre, notre nature véritable. La pratique de la méditation est un outil de prédilection pour quiconque recherche cet équilibre, ce calme intérieur. Cette pratique a été introduite en Occident il y a plusieurs décennies, mais sa popularité croissante des dernières années révèle notre besoin fondamental de trouver une manière simple et accessible de nous libérer du stress omniprésent et d'accéder à cet espace intérieur où nous sommes moins embrouillés et moins anxieux.

Au-delà de toute allégeance ou croyance religieuse, la méditation s'adresse à tous et ne nécessite aucune forme de connaissance particulière, si ce n'est le désir d'observation de son propre esprit et de réflexion sur soi. Toutes les techniques offertes nous enseignent à vivre dans l'instant présent et à développer une plus grande conscience de soi. Avant d'en choisir une, il faut évaluer ce que l'on recherche.

L'instant présent

Les multiples pensées et émotions qui assaillent notre esprit fluctuent d'une seconde à l'autre. Nous sommes souvent en train de nous projeter dans le passé ou le futur, créant ainsi un magma d'images et de sensations inextricables et plus ou moins agréables dans notre tête et dans notre corps. Il n'est pas évident de faire taire ce remue-ménage mental qui nous éparpille dans toutes les directions et nous prive de goûter l'instant présent. Combien de fois me suis-je retrouvée dans une situation où, au lieu de vivre pleinement une expérience, je me projetais ailleurs à cause de mes insécurités ou de mes peurs. Au lieu d'apprécier ce qui se présentait à moi, je rêvais d'autre chose qui serait, croyais-je, encore mieux. Cet état engendre un sentiment perpétuel d'insatisfaction. Je ne prétends pas avoir la capacité de vivre le moment présent 24 heures par jour, mais plus je m'exerce à le faire, plus je ressens un bien-être et une impression de plénitude véritables. Oui, nous pouvons développer notre faculté d'apprécier ce que nous sommes et ce que la vie nous donne.

Depuis quelques années, divers intervenants sociaux parlent abondamment des problèmes de concentration chez les jeunes et les moins jeunes. Ils nous incitent à être plus vigilants devant les problèmes liés au déficit de l'attention, avec ou sans hyperactivité, un trouble d'ordre psychiatrique selon le DSM. Sans entrer dans le débat à savoir s'il s'agit bel et bien d'un problème relevant de la psychiatrie, il est saisissant d'observer le nombre élevé d'enfants et d'adolescents concernés. Connaissant les symptômes et les comportements liés à ce trouble, je serais tentée de penser que nous sommes tous plus ou moins touchés par ce problème. Moi la première ! Nous laisser facilement distraire par des sources de stimulation externes, être très ou trop actifs… la société nous impose une surstimulation multisensorielle et attise notre besoin de changement perpétuel en nous poussant à toujours être en quête de la dernière nouveauté.

Je ne mets pas du tout en doute les diagnostics des spécialistes et je ne nie pas que le cerveau de certaines personnes connaît des dysfonctionnements d'ordre neurologique, mais je constate de manière empirique l'attitude et la manière de vivre des gens que je croise tous les jours, quel que soit leur âge. La plupart d'entre eux n'arrivent plus à garder leur attention plus de quelques minutes, parfois quelques secondes, sur une seule chose. La sollicitation de tous nos sens est telle que je suis convaincue que notre cerveau n'arrive plus à gérer le phénomène sans que survienne une sorte de surchauffe psychique.

La méditation et la science

De récentes études menées par un groupe de chercheurs du Massachussets General Hospital, à Boston, ont démontré les effets de la méditation sur le cerveau et prouvé qu'elle était en mesure d'engendrer des modifications neuronales durables[1]. Ces changements ont pu être vérifiés grâce à l'imagerie par résonance magnétique fonctionnelle. En résumé, il semble que, après quelques semaines de pratique de méditation de pleine conscience, on observe une modification du fonctionnement de l'amygdale, la zone du cerveau impliquée dans les émotions telles que la peur, l'aversion, l'agressivité et l'anxiété. Les tests ont été réalisés à l'aide de photographies générant diverses émotions que l'on montrait à des personnes ayant suivi huit séances de méditation. On notait qu'elles devenaient moins sensibles émotionnellement aux stimulations extérieures. L'étude parle également du sentiment de compassion qui avait été induit chez un autre groupe de méditants avec des résultats tout aussi probants.

L'ego

« Choyer et protéger son moi est la cause de l'attachement, des peurs et du sentiment d'insécurité. L'ego nous convainc qu'il est nécessaire de cajoler complaisamment ce moi en resserrant notre emprise sur le monde[2]. » Cette citation de Dzigar Kongtrul Rinpoché décrit de manière juste et succinte la cause de nos nombreuses souffrances psychiques et émotionnelles. Ces mots viennent éclairer tous les aspects liés à l'estime de soi que j'ai évoqués jusqu'à maintenant. La société individualiste dans laquelle nous évoluons glorifie l'ego et nous pousse à nourrir la bête, nous promettant une garantie de réussite sociale et de bonheur. Toutefois, ce miroir aux alouettes, où la plupart d'entre nous se laissent prendre, peut rapidement se ternir et l'illusion perdre son pouvoir d'attraction. D'autant plus lorsqu'une grave maladie vient remettre en question toute notre existence et mettre en relief ce qui, au bout du compte, est essentiel. C'est du moins ce que j'ai éprouvé pendant ma dépression, et ce fut pour moi une démonstration éloquente de la vacuité et de la superficialité de bien des choses, dont l'importance accordée à notre statut social et économique.

S'il existe une forme d'égalité entre tous les êtres humains, c'est bien la mort, qui viendra frapper à notre porte sans que nous puissions prédire le moment. Même la personne la plus riche, la plus puissante, la plus célèbre du monde ne peut échapper à cette finalité. La mort est souvent occultée dans notre civilisation : le culte de l'individu est mis en valeur, et nous nous croyons tous éternels et irremplaçables. On nous encourage à accumuler les biens matériels et à investir dans notre image pour qu'elle soit fidèle à nos ambitions de réussite. Pourtant, ceux qui ont connu des revers de fortune savent que certains amis qu'ils croyaient fidèles peuvent subitement s'éloigner. Toute cette énergie que nous déployons pour dorer notre blason individuel nous isole et nous fait oublier que nous sommes interreliés et interdépendants, puisque nous partageons tous le même vaisseau terrestre. Les personnes âgées disent souvent que ce qui leur importe le plus au soir de leur vie, ce sont les relations et les expériences qu'elles ont vécues, les rencontres et les découvertes qu'elles ont faites. Leurs plus beaux souvenirs sont liés à l'être plutôt qu'à l'avoir. Seule notre âme subsistera à notre mort, c'est du moins ce que je crois.

Les bienfaits de la méditation

Certains trouvent dans la méditation des réponses à leur questionnement existentiel, tandis que d'autres y voient une occasion d'approfondir leur connaissance de soi. Pour ma part, cette pratique me permet d'accéder à un niveau plus élevé de conscience et de présence (à soi et aux autres). La méditation nous invite à laisser émerger les turbulences de notre mental, c'est-à-dire nos pensées et nos émotions, sans les juger, puis à les laisser disparaître comme elles sont venues. Petit à petit, nous apprivoisons la nature illusoire de tout ce charabia qui encombre notre paix intérieure en nous entraînant subtilement dans des états anxiogènes et souffrants. Nous apprenons à relativiser et à prendre du recul par rapport aux événements.

Nous méditons même lorsque nous nous sentons bien et qu'il n'y a pas de problème particulier à l'horizon. Cette pratique régulière renforce notre ancrage dans la véritable nature de notre être et dans la réalité. Plus nous avançons, plus il nous est facile d'accéder à cet espace intérieur. Des études ont démontré que la méditation pouvait contribuer à prévenir les rechutes chez ceux qui avaient vécu une dépression et qu'elle augmentait la confiance en soi et en la vie.

Le yoga

Le yoga est une forme de discipline qui allie le corps et l'esprit. En sanscrit, la racine *yug* signifie « unir ». Cette pratique, qui a vu le jour en Inde il y a plus de 5000 ans, est étoitement liée à la méditation. Elle connaît une popularité sans cesse grandissante en Occident. Les exercices de respiration et les postures (*asanas*) permettent de relaxer notre esprit tout en augmentant l'harmonie de notre corps.

C'est après avoir repris goût à l'activité physique que j'ai eu envie de m'initier au yoga. Des gens de mon entourage m'avaient parlé des bienfaits que cette discipline leur apportait, ce qui a éveillé ma curiosité. Pendant mes premiers cours, j'appréciais particulièrement le sentiment de calme et l'énergie que j'en retirais. J'ai suivi des cours de groupe pendant quelques semaines pour acquérir les connaissances de base, puis j'ai cessé de pratiquer pendant un certain temps pour toutes sortes de raisons. Plus tard, j'ai découvert le YogaDanga, une approche créée par Mylène Roy, qui fusionne le yoga et la danse. Cela m'a permis de pratiquer dans un même lieu ces deux disciplines que j'affectionne particulièrement. En résumé, cette approche est un heureux mélange d'introspection, induite par différents types de respirations et de postures de yoga, et d'extraversion, grâce aux mouvements de danse improvisés sur des musiques de différents styles. En jouant constamment avec nos pôles opposés, en effectuant un aller-retour de l'intériorité vers l'extériorité, nous en venons à unifier tout ce qui semble en contradiction. Un sentiment de grande liberté sous-tend les exercices proposés. Il s'agit d'une exploration continuelle et enrichissante de toutes les facettes de notre être dans ses diverses manifestations. Cela m'a permis de puiser dans mes forces intérieures pour composer avec les imprévus du quotidien en apprenant à danser avec eux. Cette approche a influencé ma façon de bouger et de m'exprimer. Bref, ma manière de vivre !

Les effets bénéfiques du yoga sont palpables sur les plans physique et mental. Les respirations profondes qui accompagnent les postures procurent une bonne oxygénation à tous nos muscles et libèrent les tensions accumulées dans notre corps. Le cerveau tire lui aussi avantage de cette oxygénation, qui augmente notamment nos taux de dopamine et de sérotonine, des neurotransmetteurs impliqués dans la dépression. La pratique du yoga et de la méditation exige une attention de chaque instant afin que nous soyons en harmonie avec nos gestes et notre respiration. Cela procure une pause salutaire à notre mental et à notre ego. Le yoga nous invite à découvrir et à suivre notre propre chemin sans nous comparer à qui que ce soit, puisque la performance et la compétitivité n'y ont pas leur place. Nous seuls pouvons décider jusqu'où nous souhaitons nous rendre et à quel rythme.

Le yoga assouplit et tonifie le corps et l'esprit. L'adage « Un esprit sain dans un corps sain » prend ici tout son sens. Plus on avance dans la pratique, plus on prend conscience de leur interrelation. Plus notre corps se détend et se renforce, entre autres par des postures d'équilibre, plus notre mental en vient à lâcher prise. Peu à peu, cette pratique solidifie notre centre d'équilibre.

12

Des habitudes de vie pour préserver sa santé mentale

ABORDONS MAINTENANT les habitudes de vie qui peuvent nous aider à préserver notre santé mentale et, de manière ultime, à prévenir les rechutes. Il s'agit de principes de base aussi simples et accessibles que l'activité physique, l'alimentation, le réseau social, ainsi que plusieurs autres aspects faisant partie de notre quotidien.

Nous vivons dans une société de plus en plus sédentaire, entre autres à cause de l'utilisation généralisée d'Internet. Combien d'heures passez-vous chaque jour devant l'écran d'un ordinateur, d'une tablette électronique ou de tout autre appareil ? De plus, le mode de vie des banlieues américaines, qui est devenu une référence dans la majorité des pays de l'OCDE, privilégie l'utilisation de la voiture pour effectuer tous les déplacements. Il faut aussi parler du *fast food,* qui a pignon sur rue dans toutes les grandes villes du monde. De plus, malgré l'impression que nous sommes tous interreliés grâce à la grande toile virtuelle, il n'y a probablement jamais eu autant de personnes seules et isolées.

Il n'est donc pas étonnant qu'une pandémie d'obésité se soit répandue sur une grande partie de la planète au cours des dernières années. Les conséquences de nos mauvaises habitudes de vie sont de plus en plus évidentes : maladies cardio-vasculaires, diabète et autres pathologies physiques. Quant aux conséquences sur le plan de la santé mentale, elles sont beaucoup moins connues. Des chercheurs et d'autres professionnels se sont penchés sur le sujet afin de mieux comprendre les impacts de ces changements sur notre mode de vie. Roger Walsh, professeur de psychiatrie, de philosophie et d'anthropologie en Californie, est l'un de ceux qui considèrent qu'il est maintenant primordial de faire la promotion de saines habitudes de vie pour préserver notre santé mentale. Selon lui, « au XXIe siècle, les modes de vie thérapeutiques pourraient devenir centraux en santé mentale, en médecine et en santé publique[1] ».

L'exercice physique et le bien-être mental

L'auteure George Sand a écrit : « On se donne bien de la peine et on s'impose bien des privations pour guérir le corps ; on peut bien, je pense, en faire autant pour guérir l'âme. » Paradoxalement, malgré les habitudes néfastes pour notre santé évoquées plus haut, il est vrai que nous vivons dans une société où l'on accorde, plus que jamais, énormément d'attention à la forme physique. Mais, à vrai dire, très peu s'attardent au lien entre santé physique et santé mentale. Pourtant, l'une ne va pas sans l'autre, et plusieurs études démontrent les effets positifs de l'activité physique et sa contribution à notre bien-être mental. Elle pourrait même prévenir certains troubles d'ordre psychologique. On sait maintenant que des neurotransmetteurs spécifiques, tels que la sérotonine et la dopamine, sont impliqués dans ce type de maladies et que leur taux augmente dans notre cerveau lorsque nous faisons de l'exercice.

En plus d'avoir des effets sur notre corps, l'activité physique joue aussi un rôle sur l'estime de soi. Par exemple, après avoir couru quelques kilomètres, on peut éprouver un sentiment de fierté et de satisfaction. Pour d'autres, le simple fait d'avoir réussi à gravir un escalier au lieu de prendre l'ascenseur peut être une victoire en soi. Pendant une dépression, l'un des nombreux effets secondaires de la médication peut être une prise de poids, ce qui n'aide pas particulièrement à entretenir la forme et une bonne estime de soi.

Pour ma part, j'ai souvent expérimenté cette sensation de détente et de bien-être physique et mental après une partie de tennis. On oublie trop souvent que l'être humain est fait pour bouger. Pourtant, les enfants nous le rappellent sans cesse. Avec le temps, je constate que plus on s'adonne à l'activité physique, plus on a envie d'en faire, et vice-versa. Avez-vous remarqué que, lorsqu'on passe une longue période sans en faire, on a de la difficulté à repartir la machine, comme si l'on avait rouillé sur place ? L'inertie peut s'installer subrepticement dans notre corps et dans notre vie, ce qui nous alourdit sur tous les plans. En plus de nous énergiser, l'exercice physique nous procure un agréable sentiment de légèreté. Nous avons moins de stress, notre corps se détend et notre mental lâche prise. De plus, faire de l'activité physique en compagnie d'autres personnes nous permet d'élargir notre réseau social dans la vraie vie plutôt que dans le monde virtuel.

L'importance de l'alimentation

« Dis-moi ce que tu manges, je te dirai qui tu es. » On sous-estime souvent le rôle crucial de l'alimentation sur notre santé mentale. Hippocrate, le père de la médecine, affirmait que la nourriture était notre principal médicament. Comme lui, je crois qu'il est essentiel de lui accorder une attention particulière pour prévenir ou guérir la dépression. En ce qui me concerne, dès que j'ai pu recommencer à choisir moi-même mes aliments une fois sortie de l'hôpital, j'ai rapidement senti leur influence bénéfique sur ma santé, particulièrement sur le plan mental. Contrairement à certaines personnes qui gagnent du poids à cause des médicaments, j'avais beaucoup maigri. Il fallait à tout prix que je retrouve mes forces vitales. Comme je n'avais pas préparé de repas depuis très longtemps, je redécouvrais les joies de cuisiner. La première fois que je suis allée au marché, j'ai été éblouie par les étals de fruits et de légumes qui s'offraient à mes sens et je prenais conscience de la grande diversité à laquelle j'avais désormais accès. On sait que les repas préparés dans les hôpitaux n'ont rien d'alléchant ni de nourrissant, ce qui est un non-sens, puisque les patients sont là pour améliorer leur santé. J'ai toujours été sidérée en voyant la pauvreté des plats proposés aux malades : peu de protéines et de nutriments essentiels, sans parler du manque de variété. Si Hippocrate vivait à notre époque, il en serait outré. Parmi les différentes études qui ont été publiées sur les liens entre le cerveau, la dépression et l'alimentation, plusieurs ont porté sur les oméga-3, une famille d'acides gras présents, entre autres, dans les poissons gras (saumon, maquereau, sardines, etc.). Ils joueraient un rôle important dans la régulation de l'humeur et la prévention de la dépression. David Servan-Schreiber, psychiatre et auteur français, avait consacré une partie de ses recherches sur le sujet et en a parlé dans son best-seller *Guérir*[2]. Roger Walsh, professeur de psychiatrie, mentionne dans un article diffusé sur le site Web de *American Psychologist* les effets thérapeutiques des oméga-3 dans le traitement de divers troubles, dont la dépression[3].

En plus de chercher à me nourrir de la manière la plus diversifiée et équilibrée possible, j'ai ajouté à mon alimentation des compléments tels que la vitamine D, l'acide folique et d'autres suppléments. D'ailleurs, je continue à prendre de la vitamine D régulièrement, puisqu'elle serait essentielle au fonctionnement des cellules du cerveau en plus de jouer un rôle sur les neurotransmetteurs impliqués dans la dépression, dont la sérotonine.

Chose certaine, en plus d'être néfaste pour le corps, la malbouffe sous toutes ses formes doit être évitée pour notre santé mentale. Malheureusement, lorsque nous nous sentons déprimés, nous avons tendance à jeter notre dévolu sur ce genre de nourriture en y cherchant un certain réconfort. Pourtant, c'est tout le contraire qui se produit, puisque le réconfort se transforme rapidement en inconfort physique et psychologique. Les calories vides n'apportent rien de bon au corps ni à l'esprit.

Le cercle vicieux de la caféine et de l'alcool

J'ai longtemps été une grande consommatrice de café jusqu'à ce que je me rende compte du côté pernicieux de la caféine. Cette substance, dans un premier temps, stimule notre système nerveux et nous donne un sentiment d'excitation et d'alerte, puis, dans un deuxième temps, fait retomber notre énergie et nous fait sentir plus fatigués qu'avant d'avoir bu. Le café est une substance plutôt grasse et difficile à distiller pour le foie. J'ai donc diminué progressivement ma dose quotidienne, puis je suis passée au thé en me permettant un espresso de temps à autre. Je peux témoigner de la différence dans la qualité de mon énergie psychique et physique, et dans celle de mon sommeil.

Quand nous manquons de sommeil, nos perceptions, nos fonctions cognitives et notre comportement sont modifiés. Tout semble plus compliqué, plus dramatique. Notre capacité à évaluer une situation de manière objective et à prendre un certain recul est diminuée. Il faut absolument respecter notre besoin de sommeil, puisqu'il joue une rôle majeur dans notre équilibre psychique. Nous devons éviter de le pertuber par de mauvaises habitudes, comme prendre un café le soir. Je trouve d'ailleurs très fâcheux que de nombreux hôpitaux offrent ce type de boisson à volonté aux patients en psychiatrie.

L'alcool produit lui aussi des effets indésirables sur notre santé, puisqu'il agit comme dépresseur. Ses effets sur notre cerveau font en sorte que nous nous sentons temporairement dans un état de relaxation et d'exaltation qui nous fait oublier tous nos problèmes. Pendant quelques heures, nous nous sentons plus heureux et nous avons l'impression de planer, mais la descente n'en est pas moins difficile, et les lendemains de veille sont parfois douloureux. Nous devons donc surveiller notre consommation, particulièrement lorsque nous sommes plus fatigués ou que nous vivons une période plus difficile sur le plan psychologique. L'alcool, semble-t-il, influe sur nos neurotransmetteurs, altère notre jugement et peut nous rendre plus irritable. La « gueule de bois » est le résultat des conséquences physiologiques et psychiques d'un abus d'alcool. Il est fortement recommandé d'éviter de mélanger alcool et antidépresseurs, puisqu'ils ne font pas bon ménage.

La lumière et la nature

Nous avons tous besoin de lumière, d'air et d'eau. La dépression saisonnière est causée chez certaines personnes par un manque d'exposition à la lumière naturelle du soleil pendant les mois d'hiver. Je connais une femme affectée par ce problème qui s'exile dans le Sud chaque année de novembre à avril. Si l'on n'a pas les moyens de quitter le pays aussi longtemps, on peut profiter des bienfaits de la luminothérapie. Il a été démontré de manière scientifique que les rayons de lumière qui pénètrent dans l'œil agissent sur les neurotransmetteurs, dont la sérotonine, ce qui a une incidence sur les symptômes liés à la dépression.

Même si je ne suis pas aussi atteinte que cette femme par le manque de lumière, j'ai constaté que, lorsque le temps gris s'installe pendant quelques jours, cela affecte mon moral et mon énergie. Beaucoup de gens sont probablement aussi sensibles à ce phénomème sans en être conscients. Voilà pourquoi il est important de bien choisir son lieu de vie. Je ne me suis jamais bien sentie au rez-de-chaussée, et encore moins dans un sous-sol. Plusieurs constructions modernes sont souvent éclairées de façon artificielle, et certains bureaux ne donnent pas un accès direct à une fenêtre, ce qui peut affecter notre bien-être mental et notre rendement. En vivant dans une grande ville, nous sommes portés à oublier que nous faisons partie de la nature, comme la flore et la faune. Lorsque je traverse des moments éprouvants, je vais trouver le réconfort et puiser mon énergie vitale dans un coin de campagne. Le contact direct avec les forces de la nature apaise notre âme tout en nourrissant notre corps et notre esprit.

J'ai toujours rêvé de créer un lieu en pleine nature où les personnes souffrant de dépression pourraient se mettre à l'abri le temps de se rétablir, un peu comme ces maisons qui accueillent les malades en phase terminale ou les personnes en cure de désintoxication. J'aimerais que tous ceux et celles qui souffrent du cancer de l'âme puissent avoir un refuge où tous les soins essentiels leur seraient offerts dans les domaines de la médecine traditionnelle et des approches complémentaires. J'aurais tellement apprécié un lieu semblable quand j'étais malade.

Le soutien du réseau social

Une des choses qui m'a frappée pendant mon long séjour à l'hôpital était que certains patients revenaient plus d'une fois pour être traités en psychiatrie. Dans le jargon du milieu hospitalier, on appelle ça le « phénomène des portes tournantes ». Ce n'est que quelques années plus tard, alors que je faisais partie de comités au sein de ce même hôpital, que j'ai compris que ces allers-retours fréquents étaient dus en partie au fait que plusieurs de ces personnes ne bénéficiaient pas du soutien d'un réseau social. Certaines avaient plus ou moins coupé les ponts avec leurs proches, d'autres avaient été mises à l'écart par ces derniers. Une grande solitude !

L'être humain est essentiellement grégaire. Avoir un réseau composé de membres de notre famille, d'amis ou de collègues est nécessaire à notre équilibre psychologique. Nous ne sommes pas faits pour vivre seul, et ces relations sont précieuses. Nous avons besoin d'être en lien avec des personnes qui sont là pour nous soutenir lorsque les temps sont plus difficiles de même que pour partager nos moments de joie. J'ai eu cette chance avant, pendant et après ma dépression, et je sais que cela a joué un rôle crucial dans mon rétablissement. On ne doit pas sous-estimer la force du groupe ; il faut même la rechercher. Je souhaite que tous ceux qui souffrent en silence, seuls dans leur coin, aient la chance, mais aussi le courage, d'aller vers l'autre pour se relier au monde. L'isolement est l'un des pires ennemis sur la voie de la guérison.

Prévenir les rechutes

En parcourant divers chemins menant au rétablissement, j'ai développé mon sens de l'observation et aiguisé ma vigilance. On ne peut jamais se vanter d'avoir trouvé un parfait équilibre de manière définitive. Nous traversons tous différentes phases, et des événements imprévus peuvent perturber cet équilibre. Rien n'est immuable, pas même notre cerveau. Voilà pourquoi il est important de reconnaître les signes avant-coureurs d'une possible rechute. Ils sont différents pour chacun, mais certains points se recoupent, par exemple une interprétation négative des événements, une impatience et une irritabilité accrues, une attention démesurée fixée sur nos lacunes plutôt que sur nos forces. Ce sont des clignotants, ou alertes, qui nous signalent que quelque chose ne va pas… comme ceux du tableau de bord d'une voiture. J'ai établi un code de couleurs allant du vert au rouge qui me donne une meilleure idée de l'intensité des signaux d'alerte. Par exemple, si je n'ai pas bien dormi ou si je me sens plus vulnérable et anxieuse, c'est le code orange. Cela signifie que je dois faire un effort pour être plus attentive tout en tenant compte de ma fatigue psychique. Cela m'empêchera d'atteindre l'état critique et de tomber dans les « scénarios catastrophe ». Ce travail de reconnaissance de nos points de vulnérabilité est essentiel. C'est comme une personne ayant subi un AVC qui sait reconnaître les premiers symptômes d'un nouvel accident. Cette vigilance nous incite à modifier notre mode de vie, notre comportement et nos habitudes pour demeurer en bonne santé.

Conclusion

Je n'ai pas la prétention d'avoir fait le tour de la question au sujet de la dépression ni d'avoir trouvé des solutions à tous les problèmes vécus par ceux qui en sont atteints. Mais j'espère sincèrement que j'aurai apporté quelques lumières sur ce cancer de l'âme qui frappe de plus en plus de gens au Québec et ailleurs. L'essor de la maladie en Occident n'est certainement pas étranger à nos profondes mutations sociales et aux changements de notre mode de vie. Nous sommes arrivés à un tournant de notre civilisation où la quête de sens est plus pertinente et essentielle que jamais.

L'être humain ne s'est jamais vu offrir autant de choix et de possibilités dans toutes les sphères de sa vie. Au cours de notre existence, nous pouvons changer de conjoint et de métier plusieurs fois, avoir des enfants naturels, adoptés ou issus de la fécondation *in vitro,* vivre sur différents continents et faire des expériences qui étaient jadis inimaginables ou inaccessibles.

S'il n'est pas facile de se sentir restreint par les choix imposés au sein d'une communauté, comme c'était le cas pour la majorité des gens jusqu'ici, il n'est pas nécessairement plus facile de se retrouver devant cette infinité de possibilités. Cela peut créer une pression et provoquer en nous un grand vertige. Voilà pourquoi je crois qu'il faut plus que jamais apprendre à nous connaître et avoir une conscience éveillée afin d'effectuer des choix éclairés et justes qui nous conviennent véritablement. Trop de liberté et de choix peut devenir aussi exigeant que de ne pas en avoir du tout. Ce tourbillon dans lequel nous sommes emportés, où tout semble possible et où tout va de plus en plus vite, nous force à rechercher profondément un ancrage en soi, plutôt qu'à l'extérieur, dans des illusions de sécurité, de permanence et de réussite.

La dépression est certes une épreuve, et nul ne peut se considérer comme immunisé contre cette maladie. Nous sommes tous des êtres humains, vivant sur la même planète avec son contingent de problèmes, de misère et autres calamités. Mais l'humanité possède en contrepartie un grand pouvoir de résilience et une immense capacité à se transformer et à s'adapter. Voilà pourquoi je crois qu'il est possible de retrouver une vie encore plus harmonieuse et équilibrée après cette épreuve, et de partager cet espoir avec tous ceux qui l'ont traversée, la traversent ou la traverseront. Pour, finalement, y donner un sens.

En guise de conclusion, je vous laisse avec cette citation du peintre Marc Chagall : « Plus clairement, plus nettement, avec l'âge, je sens la justesse relative de nos chemins et le ridicule de tout ce qui n'est pas obtenu avec son propre sens, sa propre âme, qui n'est pas imprégné par l'amour. »

Notes

Chapitre 1

1. Christophe ANDRÉ, *Imparfaits, libres et heureux,* Paris, Odile Jacob (Poche), 2006-2009, p. 187.

Chapitre 2

1. Rapport de l'OMS sur le suicide dans le monde, 2012.
2. Lauri NUMMENMAA (dir.), www.pnas.org, « Bodily maps of emotions », *Proceedings of the National Academy of Sciences,* vol. 111, n° 2, 30 décembre 2013, p. 646-651.

Chapitre 3

1. *L'Information psychiatrique,* vol. 83, n° 8, octobre 2007.
2. Boris CYRULNIK, *Les âmes blessées,* Paris, Odile Jacob, 2014.

Chapitre 4

1. Source d'information : www.lecerveau.mcgill.ca.
2. 3. *Medecine@yale,* vol. 8, n° 1, mars 2012.
4. Dr Suzanne LAMARRE, *Le suicide, l'affaire de tous,* Montréal, Éditions de l'Homme, 2014.

Chapitre 5

1. Olivier SCHMOUKER, chronique « En tête », www.lesaffaires.com, 29 janvier 2015.
2. Marcel OTERO, *L'ombre portée, l'individualité à l'épreuve de la dépression,* Montréal, Boréal, 2012.
3. Arnaud DESJARDINS, *Pour une vie réussie, un amour réussi,* Paris, La Table Ronde, 1985.

4. Risk Analytica / Commission de la santé mentale du Canada, Étude d'impact, 2011.
5. Tanya NAVANEELAN, « Les taux de suicide : un aperçu », Statistique Canada, catalogue n° 82-624-X, juillet 2012.
6. Jean-Philippe DAOUST, *Journal de Montréal,* dossier Actualité santé, avril 2015.

Chapitre 7

1. Baruch SPINOZA, *Éthique IV,* scolie de la proposition 18.
2. Hugo PILON-LAROSE, « Évolution du suicide au Québec », *La Presse,* 12 juin 2013.
3. Pr Philippe COURTET, « Conduites suicidaires », Fondation FondaMental.
4. Données provenant du gouvernement québécois citées dans *Le suicide, l'affaire de tous,* de Suzanne Lamarre.
5. 6. Dr Suzanne LAMARRE, *Le suicide.*
7. « La prévention du suicide des aînés au Québec », Association québécoise de prévention du suicide (AQPS), 2014.
8. Dr Suzanne LAMARRE, *Le suicide,* p. 29.

Chapitre 8

1. « Santé mentale – Comment se porte votre santé mentale », dossier promotion dans le cahier Santé, *La Presse,* 7 mai 2015.
2. Louise BILODEAU, « Compassion s.v.p. », *Québec Science,* mars 2007, p. 63.
3. George BASTIEN, « La spiritualité au cœur de l'intervention en santé mentale », *Le Partenaire,* vol. 18, n° 2, été 2009, p. 21.
4. Ellie SAINT-AMOUR, « Spiritualité, filiation et quête de sens », *Le Partenaire,* vol. 18, n° 2, été 2009, p. 22-23.

Chapitre 9

1. Lignes directrices relatives au soutien par les pairs – Pratique et formation, Commission de la santé mentale du Canada, 2013.
2. Source d'information : www.psychomedia.qc.ca, 22 janvier 2011.

Chapitre 10

1. Rapport de la Commission de santé mentale du Canada, 2013.
2. L'infobésité, nouveau fléau en entreprise, Agence France Presse, 31 août 2012.
3. 4. 5. Dzigar Kongtrul RINPOCHÉ, *Le bonheur est entre vos mains,* Paris, Nil, 2007.

Chapitre 11

1. Nicolas REVOY, « La méditation modifie durablement le cerveau », www.lejournaldelascience.fr, 6 mars 2014.
2. Dzigar Kongtrul RINPOCHÉ, *Le bonheur.*

Chapitre 12

1. « Des changements de vie comme traitement de la dépression, de l'anxiété et du stress », www.psychomedia.qc.ca, 19 février 2011.
2. David SERVAN-SCHREIBER, *Guérir,* Paris, Laffont, 2003.
3. Roger WALSH, « Lifestyle and Mental Health », *American Psychologist,* 17 janvier 2011.

Remerciements

Des abîmes impénétrables de ma dépression jusqu'à l'écriture de ce livre, en passant par le chemin du rétablissement, je désire remercier les personnes suivantes.

D'abord, tous les membres de ma famille, incluant ceux aujourd'hui disparus, pour m'avoir accompagnée avec bienveillance pendant cette longue traversée d'une nuit éprouvante et interminable, tant pour eux que pour moi. Les membres de ma belle-famille, qui m'ont apporté leur soutien, malgré les doutes. Les amis qui ont su m'accueillir dans ma détresse et qui ont essayé, d'innombrables façons, de me redonner espoir. Laura, ma compagne de chambre d'hôpital et amie qui n'est plus. Elle m'a prodigué sa tendresse et redonné confiance. Les intervenants en soins de santé, qui ont su voir celle que j'étais, au-delà de la maladie, et croire en mon rétablissement. Ma psychothérapeute, Diane, qui a su me porter et me guider avec toute son humanité. Toutes les personnes que j'ai croisées sur mon chemin et qui, sans le savoir, ont été des anges gardiens. Enfin, je remercie du plus profond de mon être celui qui est toujours là, près de moi, après avoir vécu le pire, mon soleil de minuit et mon âme sœur, Christian.

D'autre part, je tiens à dire un merci tout particulier à mon éditrice, Linda Nantel, pour son intuition et l'immense confiance qu'elle m'a accordée tout au long de la rédaction de ce livre, ainsi qu'au docteur Suzanne Lamarre, qui m'a suivie dans mon parcours de rétablissement et encouragée avec enthousiasme à partager mon expérience.

Pour joindre l'auteure :
nemea.productions@gmail.com
site Web : www.myreillebedard.com

Table des matières

Achevé d'imprimer
sur les presses de
Imprimerie H.L.N.
Imprimé au Canada - Printed in Canada